TÉCNICA DE REDAÇÃO

O QUE É PRECISO SABER PARA BEM ESCREVER

Lucília Helena do Carmo Garcez

TÉCNICA DE REDAÇÃO

O QUE É PRECISO SABER PARA BEM ESCREVER

martins fontes
selo martins

2001, Livraria Martins Fontes Editora Ltda.,
São Paulo, para a presente edição.

Publisher *Evandro Mendonça Martins Fontes*
Coordenação editorial *Vanessa Faleck*
Produção editorial *Carolina Cordeiro Lopes*
Revisão *Maria Luiza Favret*
Célia Regina Camargo
Dinarte Zorzanelli da Silva
Renata Sangeon
Diagramação *Studio 3*

Dados Internacionais de Catalogação na Publicação (CIP)
Angelica Ilacqua CRB-8/7057

Garcez, Lucília Helena do Carmo
Técnica de redação : o que é preciso saber para bem escrever / Lucília Helena do Carmo Garcez. – 4. ed. – São Paulo : Martins Fontes – selo Martins, 2020.
168 p.

Bibliografia
ISBN: 978-85-8063-373-3

1. Redação (Literatura) 2. Redação técnica I. Título

19-1179 CDD-808.066

Índices para catálogo sistemático:
1. Redação técnica   808.066
2. Textos : Produção : Redação   808.066

Todos os direitos desta edição reservados à
Martins Editora Livraria Ltda.
Av. Dr. Arnaldo, 2076
01255-000 São Paulo SP Brasil
Tel.: (11) 3116 0000
info@emartinsfontes.com.br
www.emartinsfontes.com.br

Sumário

Introdução XIII

Capítulo 1 – Os mitos que cercam o ato de escrever.. 1
1. Verdades e mentiras 1
2. Reconsiderando crenças 10
3. Novas atitudes em relação à escrita 11
4. Prática de escrita 11

Capítulo 2 – Como escrevemos 13
1. Outras visões acerca do ato de escrever 13
2. A escrita como processo 14
3. Conhecendo melhor o processo de escrita 20
4. Novos procedimentos na escrita 21
5. Prática de escrita 21

Capítulo 3 – A qualidade da leitura 23
1. O que é leitura 23
2. Recursos para uma leitura mais produtiva 27
3. Os tipos de leitura e seus objetivos 29
4. Procedimentos estratégicos de leitura 30
5. Conhecendo melhor o processo de leitura 45
6. Prática de leitura 45

Capítulo 4 – Da leitura para a escrita 47
1. O trabalho com a memória 47
2. Resumos, esquemas e paráfrases 49

3. Conservando e reutilizando o que foi lido 59
4. Prática de síntese 59

Capítulo 5 – Decisões preliminares sobre o texto a produzir 61
1. Tomando decisões 61
2. Funções da linguagem 61
3. Decisões em relação às estruturas linguísticas 72
4. Gênero e tipo de texto 79
5. Decisões orientadoras 84
6. Prática de tomada de decisões 84

Capítulo 6 – A ordem das ideias 87
1. A concepção das ideias 87
2. Das anotações para o texto 94
3. A organização das ideias 97
4. Da concepção à organização das ideias 109
5. Prática de organização 110

Capítulo 7 – O entrelaçamento das ideias 111
1. O tecido aparente do texto 111
2. Mecanismos de coesão textual 112
3. Problemas decorrentes da ausência de coesão ... 115
4. Entrelaçando as ideias 122
5. Prática de entrelaçamento 123

Capítulo 8 – A reescrita de textos 125
1. A releitura como avaliação para a reescrita 125
2. A impessoalização do texto 127
3. Uso do vocabulário 129
4. Estrutura dos períodos 135
5. A pontuação 136
6. A questão da ortografia 138
7. O uso do sinal indicativo de crase 140

Carta ao leitor 143
Bibliografia comentada de apoio ao aluno 145
Bibliografia para aprofundamento 147

"O escrever não tem fim."
"Scribendi nullus finis."
Fedro – *Fábulas*

Para
Adriana, Cristina, Fabiana, Gabriel,
Ana Flávia, Kael, Laila e Isis.

AGRADECIMENTOS A

Lígia Cademartori, com saudade;
Balthar, pelo estímulo solidário;
Maria Luiza Corôa, pela parceria e pelos comentários;
e aos professores/alunos, que tanto contribuíram
para estas reflexões.

Introdução

Produzir textos é uma atividade extremamente necessária tanto na vida escolar como na vida profissional e no dia a dia. Entretanto, no meu cotidiano, encontro alunos, jovens e adultos já formados, ansiosos, assustados, desencorajados e, principalmente, desorientados quanto às habilidades e atitudes necessárias ao convívio mais natural e simples com a escrita.

Percebi que muitas dessas posições negativas em relação ao ato de escrever haviam sido lentamente construídas ao longo da história escolar de cada um e que provinham de um desconhecimento da natureza, das especificidades e das exigências da escrita. Estimulada por alunos e colegas, decidi organizar as reflexões desenvolvidas ao longo de muitos anos de trabalho.

Não quis produzir um tratado acadêmico acerca de redação, nem um livro didático, no sentido usual desse manual escolar, nem também um livro de exercícios impessoais de treinamento (pois há muitos, e bons, no mercado). Parti, então, das observações anotadas durante cursos e conversas com alunos (professores e futuros professores) da universidade, das minhas pesquisas em linguística, de meu interesse por depoimentos de escritores, e de minhas próprias experiências como pessoa que escreve. Sempre acreditei que, para ensinar a escrever, era necessário viver intensamente o desafio da minha própria escrita.

Adoto a vertente teórica que vê a língua não apenas como uma herança social, mas como uma forma de ação, um modo de vida social, uma construção coletiva. A interação verbal e as relações coletivas e sociais constitutivas do jogo da linguagem, como elementos fundamentais que se conjugam na construção da língua, exercem sobre mim um fascínio que dá sentido à existência. Assim, não posso focalizar a produção de textos restrita a um conjunto limitado de regras que podem ser repassadas, memorizadas e aplicadas sem a participação e a interferência do sujeito. Este é o agente de uma ação intencional e estratégica sobre o interlocutor ou sobre o mundo, que constrói realidades e interpretações, numa determinada situação cultural.

Procurei, neste livro, desmitificar, desconstruir ideias equivocadas, provocar uma mudança de atitude em relação ao ato de escrever e, consequentemente, ao de ler. Não proponho tarefas que se esgotam em si mesmas, mas procuro abrir novos horizontes para uma prática contínua e sempre enriquecedora do universo linguístico, da autoestima e da atividade intelectual do leitor.

Escrevi este livro para quem está pessoalmente interessado em renovar suas próprias práticas de escrita, mas penso que professores que trabalham com o ensino de redação em qualquer nível são interlocutores bem-vindos às reflexões que proponho.

A autora

Capítulo 1
Os mitos que cercam o ato de escrever

1. Verdades e mentiras

Durante sua vida escolar, você deve ter cristalizado alguns mitos a respeito da produção de textos. As atividades escolares e os livros didáticos, pais, colegas, bem como alguns professores, contribuíram para que crenças, nem sempre as mais adequadas, fossem se configurando e se enraizassem. Poucas pessoas conseguem escapar de um conjunto equivocado de influências e construir uma relação realmente saudável com o ato de escrever. Dessa forma, muitos jovens crescem pensando que nunca serão bons redatores, que têm texto péssimo e que não há formas de melhorar o desempenho na produção de textos. É o seu caso? Se não for, você é uma exceção, pois até mesmo profissionais maduros demonstram insegurança em relação à própria expressão escrita. Embora seja uma das tarefas mais complexas que as pessoas chegam a executar na vida, principalmente porque exige envolvimento pessoal e revelação de características do sujeito, todos podem escrever bem.

Quais são as falsas crenças, os mitos mais frequentes em relação à escrita? Há muitos, mas aqui vamos refletir acerca dos mais devastadores, que são os que levam alguém a acreditar que escrever seria um dom que *poucas* pessoas têm; um ato espontâneo que não exige empenho; uma questão que se resolve com algumas "*dicas*"; um ato isolado, desligado da *leitura*; algo *desnecessário* no mundo moderno; um ato autônomo, desvinculado das *práticas sociais*.

a) **Escrever é uma habilidade que pode ser desenvolvida, e não um dom que poucas pessoas têm**

"*Eu não tenho o dom da escrita.*" "*Não fui escolhido.*" "*Não recebi esse talento quando nasci.*" Essas são algumas das afirmações mais frequentes entre alunos de cursos de produção de textos, bloqueados diante da página em branco. É claro que não estamos tratando, aqui, da escrita literária.

A escrita é uma construção social, coletiva, tanto na história humana como na história de cada indivíduo. O aprendiz precisa de outras pessoas para começar e para continuar escrevendo.

O que vai determinar o nosso grau de familiaridade com a escrita é o modo como aprendemos a escrever, a importância que o texto escrito tem para nós e para nosso grupo social, a intensidade do convívio estabelecido com o texto escrito e a frequência com que escrevemos. Consequentemente, são esses fatores que vão definir também nossa maturidade e nosso desempenho na produção de textos.

A noção de dom, embora polêmica e questionável, poderia ser aplicada a alguns poucos gênios da literatura. Mesmo assim, a revelação desses gênios só acontece depois do processo de aprendizagem e do convívio intenso com a língua escrita. Ninguém nasce escritor, e o processo que transforma alguém em um artista da palavra é ainda um enigma. Entretanto, vamos usar alguns depoimentos e exemplos de escritores porque neles a luta com as palavras é muito evidente, e muitos passam por etapas semelhantes às que passam os redatores leigos. Caso a escrita fosse um dom inato, qual seria o papel da escola? E o que aconteceria com aqueles que, tendo recebido o dom, nunca foram alfabetizados?

José J. Veiga, renomado autor brasileiro, admitiu que até mesmo o talento, a vocação ou o dom dependem de muita persistência:

– *Como começou a escrever?*
– *Foi um processo demorado, que amadureceu devagar. Quando resolvi experimentar escrever, não consegui da primeira*

> vez. Escrevi uma história, não gostei, e desanimei. Eu estava descobrindo que ler é muito mais fácil do que escrever. Mas quando a gente joga a toalha, entrega os pontos num assunto que sente que é capaz de fazer, fica infeliz, e acaba voltando à luta. Voltei a tentar, apanhei, caí, levantei – até que um dia escrevi uma história que, quando li de cabeça fria, achei que não estava ruim; com uns consertos aqui e ali, ela ficaria apresentável. Consertei, e gostei do resultado. Animado, escrevi outras e outras histórias, nessa batalha permanente. Mas é uma batalha curiosa: as derrotas que a gente sofre nela não são derrotas, são lições para o futuro.
>
> Para gostar de ler. Vol. 8. São Paulo: Editora Ática, 4ª ed., 1988, p. 7.

É preciso, antes de tudo, compreender que todas as pessoas podem chegar a produzir bons textos, e que isso não é uma questão de ser "ungido" pelos deuses que escolhem os mais talentosos. É necessário também identificar bloqueios porventura construídos ao longo da vida escolar e tentar eliminá-los.

b) Escrever é um ato que exige empenho e trabalho, e não um fenômeno espontâneo

Muitas pessoas acreditam que aqueles que redigem com desenvoltura executam essa tarefa como quem respira, sem a menor dificuldade, sem o menor esforço. Não é assim. Escrever é uma das atividades mais complexas que o ser humano pode realizar. Faz rigorosas exigências à memória e ao raciocínio. A agilidade mental é imprescindível para que todos os aspectos envolvidos na escrita sejam articulados, coordenados, harmonizados de forma que o texto seja bem-sucedido.

Conhecimentos de natureza diversa são acessados para que o texto tome forma. É necessário que o redator utilize simultaneamente seus conhecimentos relativos ao assunto que quer tratar, ao gênero adequado, à situação em que o texto é produzido, aos possíveis leitores, à língua e suas possibilidades estilísticas. Portanto, escrever não é fácil, e, principalmente, escrever é incompatível com a preguiça.

A tarefa pode ir ficando paulatinamente mais fácil para profissionais que escrevem muito, todos os dias, mas mesmo esses testemunham que é um trabalho exigente, cansativo, e que é, muitas vezes, insatisfatório, frustrante. Sempre queremos um texto ainda melhor do que o que chegamos a produzir e poucas vezes conseguimos manter na linguagem escrita todas as sutilezas da percepção original acerca de um fato ou um pensamento. O que admiramos na literatura é justamente essa especificidade, essa possibilidade de expandir pela palavra escrita emoções, pensamentos, sensações, significados, que nós, leigos, não conseguimos traduzir com propriedade.

Continuemos com o depoimento de José J. Veiga, agora em uma outra entrevista:

> – *O senhor é muito conhecido por reescrever incessantemente seus textos. Por que o senhor reescreve?*
> – *É por conta de uma grande insatisfação. Você imagina as coisas, até visualiza, mas, quando quer pôr aquilo no papel, tem que usar a linguagem. Aí você descobre que a linguagem é tosca. Não acompanha o que você quer fazer. Então você fica trabalhando, trabalhando, para chegar o mais próximo possível.*
> – *Por isso a linguagem do senhor é tão seca, tão substantiva?*
> – *É. Eu me vigio muito para não fazer aquilo que em linguagem popular se diz "encher linguiça". Eu desbasto o texto. Tiro o bagaço para deixar apenas o que tem peso, a essência.*
>
> *Folha de S.Paulo.* São Paulo, 17 jun. 1999.
> Folha Ilustrada, p. 8.

Para refletir sobre essas questões, considere o poema, já clássico, de Carlos Drummond de Andrade, em que essa relação de necessidade, amor e conflito em relação às palavras é apresentada de maneira extraordinária:

O LUTADOR

Lutar com palavras
é a luta mais vã.
Entanto lutamos
mal rompe a manhã.
São muitas, eu pouco.
Algumas, tão fortes
como o javali.
Não me julgo louco.
Se o fosse, teria
poder de encantá-las.
Mas lúcido e frio,
apareço e tento
apanhar algumas
para meu sustento
num dia de vida.
Deixam-se enlaçar,
tontas à carícia
e súbito fogem
e não há ameaça
e nem há sevícia
que as traga de novo
ao centro da praça.

Insisto, solerte.
Busco persuadi-las.
Ser-lhes-ei escravo
de rara humildade.
Guardarei sigilo
de nosso comércio.
Na voz, nenhum travo
de zanga ou desgosto.
Sem me ouvir deslizam,
perpassam levíssimas
e viram-me o rosto.

Lutar com palavras
Parece sem fruto.
Não têm carne e sangue...
Entretanto, luto.

Palavra, palavra
(digo exasperado),
se me desafias,
aceito o combate.
Quisera possuir-te
neste descampado,
sem roteiro de unha
ou marca de dente
nessa pele clara.
Preferes o amor
de uma posse impura
e que venha o gozo
da maior tontura.

Luto corpo a corpo,
luto todo o tempo,
sem maior proveito
que o da caça ao vento.
Não encontro vestes,
não seguro formas,
é fluido inimigo
que me dobra os músculos
e ri-se das normas
da boa peleja.

Iludo-me às vezes,
pressinto que a entrega
se consumará.

Já vejo palavras
em coro submisso,
esta me ofertando
seu velho calor,
outra sua glória
feita de mistério,
outra seu desdém,
outra seu ciúme,
e um sapiente amor
me ensina a fruir
de cada palavra
a essência captada,
o sutil queixume.
Mas ai! é o instante
de entreabrir os olhos:
entre beijo e boca,
tudo se evapora.

O ciclo do dia
ora se consuma
e o inútil duelo
jamais se resolve.
O teu rosto belo,
ó palavra, esplende
na curva da noite
que toda me envolve.
Tamanha paixão
e nenhum pecúlio.
Cerradas as portas,
a luta prossegue
nas ruas do sono.

Carlos Drummond
de Andrade

c) Escrever exige estudo sério e não é uma competência que se forma com algumas "dicas"

A ideia de que algumas indicações e truques rápidos de última hora podem solucionar problemas de produção de textos, tanto para candidatos a concursos como para profissionais que precisam mostrar competência escrita em curtíssimo prazo, tem enganado os apressados e enriquecido muitos donos de escola e de cursinhos.

Muitos professores oferecem uma espécie de formulário mental do que seria um bom texto para que o estudante preencha as lacunas, acreditando que prescrever esse procedimento, muitas vezes suficiente para conseguir desempenho mínimo num concurso, é o objetivo da escola.

Fórmulas pré-fabricadas de textos e "dicas" isoladas apenas contribuem para a montagem de um texto defeituoso, truncado, artificial, em que a voz do autor se anula para dar lugar a clichês, chavões, frases feitas e pensamentos alheios.

A autoria vem das escolhas pessoais dentro das possibilidades da língua e do gênero. Escrever bem é o resultado de um percurso constituído de muita prática, muita reflexão e muita leitura. É uma ação em que o sujeito se envolve de forma total, com sua bagagem de conhecimentos e experiências sobre o mundo e sobre a linguagem. Não existem esquemas prévios ou roteiros infalíveis que possam substituir tal envolvimento. É a voz do indivíduo que orienta o texto, portanto este é imprevisível.

Uma redação por mês, alguns exercícios esporádicos de produção de pequenos trechos não formam um bom redator. É necessário escrever sempre, escrever todos os dias, escrever sobre assuntos diversos, escrever com diversos objetivos, escrever em diversas situações.

Associadas a muita prática, as "dicas" fornecidas a partir de dificuldades reais vivenciadas na produção de textos podem ser úteis, esclarecedoras, iluminadoras. Quando estão isoladas de uma prática intensa, não ajudam em nada.

d) Escrever é uma prática que se articula com a prática da leitura

É improvável que um mau leitor chegue a escrever com desenvoltura. É pela leitura que assimilamos as estruturas próprias da língua escrita. Para nos comunicarmos oralmente, apoiamo-nos no contexto, temos a colaboração do ouvinte. Já a comunicação escrita tem suas especificidades, suas exigências. Essas exigências advêm do fato de estarmos nos comunicando a distância, sem apoio do contexto ou da expressão facial. Tratamos de forma diferente a sintaxe, o vocabulário e a própria organização do discurso. É pela convivência com textos escritos de diversos gêneros que vamos incorporando às nossas habilidades um efetivo conhecimento da escrita.

Além de ser imprescindível como instrumento de consolidação dos conhecimentos a respeito da língua e dos tipos de texto, a leitura é um propulsor do desenvolvimento das habilidades cognitivas. Envolve tantos procedimentos intelectuais e exige tantas operações mentais que o bom leitor adquire maior agilidade de raciocínio.

Há ainda que se considerar que a leitura é uma das formas mais eficientes de acesso à informação. Seu exercício intenso e constante promove a análise e a reflexão sobre os fenômenos e acontecimentos, tornando a pessoa mais crítica e mais resistente à dominação ideológica. O que é a leitura é o nosso assunto do capítulo 3.

e) Escrever é **necessário** *no mundo moderno*

Observa-se que o cidadão comum, dependendo do mundo profissional a que pertence, escreve muito pouco. Hoje, tudo está muito automatizado e as relações humanas por intermédio da escrita podem ser reduzidas ao mínimo: o telefone resolve a maior parte dos problemas do cotidiano. Alguns conseguem mesmo reduzir sua atividade escrita à assinatura de cheques e documentos.

Por outro lado, paradoxalmente, o complexo mundo contemporâneo está cada vez mais exigente em relação à escrita. Precisamos de documentos escritos para existir, ser, atuar e possuir: certidões, certificados, diplomas, atestados, declarações, contratos, escrituras, cédulas, comprovantes, registros, recibos, relatórios, projetos, propostas, comunicados inundam a nossa vida cotidiana. Tudo o que somos, temos, realizamos ou desejamos realizar deve estar legitimado pela palavra escrita. Vale o escrito. E nossa habilidade de escrever é exigida, investigada, medida, avaliada, sempre que nos submetemos a qualquer processo seletivo, sempre que nos propomos a integrar os órgãos que conformam o sistema da cidadania urbana.

Mesmo na informática, tudo é mediado pela escrita. Navegar ou conversar na internet exige um convívio especial com a escrita. O que antes se resolvia simplesmente com uma ligação telefônica passou a ser substituído por um texto escrito transmitido via e-mail ou WhatsApp.

Além disso, enquanto o trabalho primário vai sendo atribuído às máquinas, exigem-se dos homens as habilidades que lhes são exclusivas, como a produção de textos. Os profissionais que dominam essas habilidades mais complexas e sofisticadas têm mais chances no mercado de trabalho, a cada dia mais seletivo.

f) Escrever é um ato vinculado a **práticas sociais**

Todo ato de escrita pertence a uma prática social. Não se escreve por escrever. A escrita tem um sentido e uma função. Como vimos no item anterior, toda a nossa civilização ocidental é regulada pela escrita. Para nós, vale o escrito. Pela escrita, estamos atuando no mundo, estamos nos relacionando com os outros e nos constituindo como autores, como sujeitos de uma voz. Veja o exemplo desta carta enviada ao jornal *Correio Braziliense* por uma leitora:

> *Primeiro de tudo, gostaria de parabenizar o Jornal, que é muito bom. Parabéns! Segundo, gostaria de expor a minha opinião sobre um fator que está acabando com o Brasil nestes últimos anos: a fome. Estava no meu curso de inglês, na quinta-feira (dia 5), quando começamos a debater a pobreza e a fome nos países, incluindo o Brasil. O professor citou que sua namorada trabalha nas Nações Unidas, aqui em Brasília, e não pôde deixar de nos*

> *informar sobre a população que está morrendo de fome no Brasil. Então veio a "bomba" sobre nós: 28 milhões de pessoas morrem de fome neste exato momento no Brasil, mais do que a população da Argentina. Isso me deixou muito irritada, razão por que faço um apelo: por favor, vamos tomar uma providência séria, Brasil! O governo não é o único culpado. A sociedade também é. E, se somos culpados, podemos agir, para, pelo menos, tentar controlar e acabar com essa catástrofe!*
>
> M. L. D.
Correio Braziliense. Brasília, 10 ago. 1999.
Seção Cartas dos Leitores, p. 16.

Essa carta é um exemplo de como a participação pela escrita confere ao indivíduo um novo canal de relacionamento com o mundo. Pelo texto escrito, modificamos o nosso contexto e nos modificamos simultaneamente.

Assim, a redação escolar, isolada, desvinculada do que o indivíduo realmente pensa, acredita, defende e quer compartilhar ou expor ao outro como forma de interação, não pode ser considerada escrita, mas apenas uma forma de demonstração de habilidades gramaticais.

A produção de textos é uma forma de reorganização do pensamento e do universo interior da pessoa. A escrita não é apenas uma oportunidade para que a pessoa mostre, comunique o que sabe, mas também para que descubra o que é, o que pensa, o que quer, em que acredita.

Saber escrever é também compartilhar práticas sociais de diversas naturezas que a sociedade vem construindo ao longo de sua história. Essas práticas de comunicação em sociedade se configuram em gêneros de texto específicos a situações determinadas. Para cada situação, objetivo, desejo, necessidade temos à nossa disposição um acervo de textos apropriados. Assim, o produtor de texto não apenas tem conhecimentos sobre as configurações dos diversos gêneros, mas também sabe quando cada um deles é adequado, em que momento e de que modo deve utilizá-lo. Um relatório é próprio para prestar contas de uma pesquisa científica, de uma investigação, de uma tarefa profissional, mas não serve para contar uma viagem de férias para os amigos, por exemplo.

2. Reconsiderando crenças

Vimos que escrever não é um dom que apenas algumas pessoas têm. Todos podem vir a ser bons redatores. Entretanto, escrever não é um ato espontâneo. Exige muito empenho, é um trabalho duro. Nem sempre as "dicas" oferecidas pelos professores e colegas são suficientes para a elaboração de um texto fluente, claro, adequado. Os truques podem ajudar os redatores que já estão em meio ao processo de desenvolvimento da própria produção escrita, porque podem esclarecer alguns pontos duvidosos ou obscuros da escrita e da organização do texto, mas não funcionam isolados de muito exercício.

Compreendemos também que a leitura é imprescindível para que o redator chegue a apresentar um bom desempenho, pois ela oferece oportunidades de contato intenso com as infinitas possibilidades da língua, com os diversos gêneros e tipos de texto e com as informações e ideias que circulam no nosso universo.

A escrita é muito necessária no mundo moderno, uma vez que as práticas sociais que estruturam as nossas organizações contemporâneas são mediadas por textos escritos. Dependemos da escrita para existir efetivamente e atuar no mundo.

PARA QUEM GOSTA DE "DICAS"

3. Novas atitudes em relação à escrita

É IMPRESCINDÍVEL:

- ESCREVER TODOS OS DIAS: ANOTAÇÕES DE AULA, DIÁRIO, RESUMOS DE LEITURAS, TEXTOS COM SUAS OPINIÕES ACERCA DE ACONTECIMENTOS, CARTAS, BILHETES, PROJETOS...
- ACREDITAR QUE VOCÊ PODE ESCREVER BEM, QUE ESTÁ MELHORANDO E QUE VAI CHEGAR LÁ IMPULSIONA O APERFEIÇOAMENTO;
- SER AUTOMOTIVADO, DEIXAR A PREGUIÇA DE LADO E SE ESFORÇAR;
- QUERER SABER MUITO MAIS, IR MAIS PROFUNDAMENTE ÀS QUESTÕES. NÃO SE PODE FICAR SATISFEITO COM "DICAS" ISOLADAS E FRAGMENTADAS;
- CONSIDERAR A ESCRITA UMA HABILIDADE IMPORTANTE PARA O NOSSO SUCESSO PROFISSIONAL;
- RECONHECER QUE, PELA ESCRITA, PARTICIPAMOS MAIS DO MUNDO;
- LER MUITO, LER DIVERSOS TIPOS DE TEXTO, LER MELHOR A CADA DIA.

4. Prática de escrita

a) Para desmontar de vez suas crenças inadequadas a respeito de sua relação com a escrita, empreenda uma viagem na memória. Lembre-se de quando aprendeu a escrever, sua escola, seus professores. Reveja todo o seu percurso escolar e profissional, focalizando principalmente as situações de escrita que ficaram gravadas em sua memória. Tente formular uma narrativa que explique ou justifique como foi construída a sua experiência de escrita até hoje. Escreva um texto em primeira pessoa, coloquial, informal, em tom de depoimento (talvez no formato de carta), para um interlocutor imaginário, que pode ser um amigo, um professor, um analista. Releia, colocando-se no lugar do leitor, para avaliar se as informações estão compreensíveis.

b) Transforme essa narrativa em um texto em terceira pessoa, no qual você conta toda a história como se fosse a de outra pessoa.

c) Mantenha um *caderno de anotações* datadas de impressões e reflexões sobre sua relação com o texto escrito; suas observações acerca do que escreve diariamente; suas experiências, expectativas, sucessos e fracassos escolares e profissionais; seus avanços e retrocessos; como vai transformando seus conceitos acerca da escrita. Esse diário pode oferecer muitas pistas para sua trajetória de crescimento, além de desbloquear a mente e desenferrujar a mão.

Capítulo 2
Como escrevemos

1. Outras visões acerca do ato de escrever

Os pesquisadores já sabem muita coisa sobre a escrita, sobre o que acontece com a mente das pessoas durante o ato de escrever, sobre como as pessoas chegam a ser realmente ótimas redatoras, mas ainda é muito pouco diante do que precisamos descobrir. Estudos de várias áreas do conhecimento nos levam a refletir sobre essas questões: linguistas, psicólogos, educadores, neurologistas, sociólogos, antropólogos veem a escrita sob seus diversos aspectos, oferecendo-nos um quadro multifacetado de conhecimentos acerca do fenômeno.

Um dos caminhos mais interessantes para compreender o ato de escrever é considerar os depoimentos de pessoas que escrevem todos os dias, vivem de escrever, escrevem com desenvoltura. Observe o depoimento da escritora Lygia Fagundes Telles:

> – Como você definiria o ato de escrever?
> – Uma luta. Uma luta que pode ser vã, como disse o poeta, mas que lhe toma a manhã. E a tarde. Até a noite. Luta que requer paciência. Humildade. Humor. Me lembro que estava num hotel em Buenos Aires, vendo na tevê um drama de boxe. Desliguei o som, ficou só a imagem do lutador já cansado (tantas lutas) e reagindo. Resistindo. Acertava às vezes, mas tanto soco em vão, o adversário tão ágil, fugidio, desviando a cara. E ele ali,

> *investindo. Insistindo – mas o que mantinha o lutador em pé? Duas vezes beijou a lona. Poeira, suor, sangue. Voltava a reagir, alguém sugeriu que lhe atirassem a toalha, é melhor desistir, chega! Mas ele ia buscar forças sabe Deus onde e se levantava de novo, o fervor acendendo a fresta do olho quase encoberto pela pálpebra inchada. Fiquei vendo a imagem silenciosa do lutador solitário – mas quem podia ajudá-lo? Era a coragem que o sustentava? A vaidade? Simples ambição de riqueza, aplauso? [...] E de repente me emocionei: na imagem do lutador de boxe vi a imagem do escritor no corpo a corpo com a palavra.*
>
> Para gostar de ler. Vol. 9. São Paulo: Editora Ática, 3.ª ed., 1988, p. 7.

Outro possível caminho para entender a escrita é observarmos nossos próprios processos enquanto trabalhamos em um texto. Cada pessoa deve descobrir como procede durante a escrita, para explorar melhor e com mais consciência esses procedimentos, seja para aperfeiçoá-los ou para transformá-los.

2. A escrita como processo

Um caminho mais científico é a análise das contribuições que a linguística nos trouxe sobre o ato de escrever. Sob essa perspectiva, compreende-se que a escrita é uma atividade que envolve várias tarefas, às vezes sequenciais, às vezes simultâneas. Há também idas e vindas: começa-se uma tarefa e é preciso voltar a uma etapa anterior ou avançar para um aspecto que seria posterior. Todas essas ações estão profundamente articuladas ao contexto em que se originou e em que acontece a produção do texto.

O texto somente se constrói e tem sentido dentro de uma *prática social*. Assim, o que mobiliza o indivíduo a começar a escrever um texto é a *motivação*, é a razão para escrevê-lo: emitir e defender uma opinião, reivindicar um direito, expressar uma emoção ou um sentimento, relatar uma experiência, apresentar uma proposta de trabalho, estabelecer um pacto, regular normas, comunicar um fato, narrar uma aventura ou apenas provar que sabe escrever bem para ser aprovado numa seleção.

PRÁTICA SOCIAL DE ESCRITA			
CONTEXTO DA PRODUÇÃO DE TEXTO			
ASSUNTO MOTIVAÇÃO NECESSIDADE IDEIA DE LEITOR	*TEXTO EM PROCESSO DE PRODUÇÃO OU JÁ PRODUZIDO*		
	PROCESSAMENTO	ESCRITA	REESCRITA
MEMÓRIA	GERAÇÃO	VERSÕES	RELEITURAS
ASSUNTO LÍNGUA GÊNEROS	ORGANIZAÇÃO		REVISÕES
	MONITORAÇÃO AVALIAÇÃO CONSTANTE DO PROCESSO		

Estabelecida a necessidade de escrever, o processo de escrita já está desencadeado. O produtor já tem imediatamente em mente algumas *informações sobre a tarefa*:
- quais são os objetivos do texto;
- qual é o assunto em linhas gerais;
- qual é o gênero mais adequado aos objetivos;
- quem provavelmente vai ler;
- que nível de linguagem deve ser utilizado;
- que grau de subjetividade ou de impessoalidade deve ser atingido;
- quais são as condições práticas de produção: tempo, apresentação, formato.

É sobre essa *base de orientação* que o produtor do texto vai coordenar o seu próprio trabalho, monitorando-o para que não fuja da rota e desande em outras direções.

A *memória* do redator já está acessada em várias vertentes e é um fator importantíssimo na construção do texto. Nela estão armazenados os conhecimentos sobre a língua – matéria-prima do texto –, os conhecimentos sobre organização dos diversos tipos de texto e, ainda, os conhecimentos sobre os assuntos e informações que serão tratados no texto. Memória vazia produz texto fraco, sem substância informativa ou linguística. Utilizamos a memória durante todo o processo de produção do texto e, quando ela não tem estoque suficiente para o que desejamos, temos que procurar a informação, o conhecimento para enriquecê-la. Gabriel García Márquez, quando escreveu o romance histórico *O general em seu labirinto*, sobre Simón Bolívar, não se satisfez com sua própria memória e contou com diversos colaboradores. Nos agradecimentos, ele esclarece:

> *O historiador colombiano Gustavo Vargas, professor da Universidade Nacional Autônoma do México, se manteve ao alcance do meu telefone para me esclarecer dúvidas maiores e menores, sobretudo as relacionadas com as ideias políticas da época. O historiador bolivariano Vinicio Romero Martínez me ajudou de Caracas com achados que me pareciam impossíveis sobre os costumes particulares de Bolívar – em especial seu linguajar grosso – e sobre o caráter e o destino de seu séquito, além de uma revisão implacável de dados históricos na versão final. A ele devo a advertência providencial de que Bolívar não podia "chupar mangas com deleite infantil", pela simples razão de que faltavam vários anos para a manga chegar às Américas. Jorge Eduardo Ritter, embaixador do Panamá na Colômbia e mais tarde chanceler de seu país, fez vários voos urgentes só para me trazer alguns dos seus livros inencontráveis. Dom Francisco de Abrisqueta, de Bogotá, foi um guia obstinado na intrincada e vasta bibliografia bolivariana. O ex-presidente Belisario Betancur me esclareceu dúvidas esparsas durante todo um ano de consultas telefônicas, e estabeleceu para mim que os versos citados de memória por Bolívar eram do poeta equatoriano José Joaquín Olmedo. Com Francisco Pividal mantive em Havana as vagarosas conversas preliminares que me permitiram formar uma ideia clara sobre o livro que pretendia escrever. Roberto Cadavid (Argos), o linguista mais*

> *popular e prestativo da Colômbia, me fez o favor de pesquisar o sentido e a idade de alguns localismos. A pedido meu, o geógrafo Gladstone Oliva e o astrônomo Jorge Pérez Doval, da Academia de Ciências de Cuba, fizeram o inventário das noites de lua cheia nos primeiros trinta anos do século passado.*
>
> Gabriel García Márquez. O general em seu labirinto.
Rio de Janeiro: Record, 1989, pp. 268-9.

Observe quantas pessoas o escritor consultou sobre detalhes importantes para a sua narrativa. É nessa fase de *pesquisa* que entram a leitura, a análise, a reflexão, a observação, o raciocínio: para preencher os vazios da memória. Você verá nos capítulos 3 e 4 alguns procedimentos para ativar e enriquecer a memória.

Tomadas essas primeiras decisões e providências, podemos considerar que o texto já está sendo produzido, já está em *processamento*. Nessa etapa, as pessoas têm procedimentos diferentes. Observe algumas dessas preferências (na hipótese de produção de um texto informativo) e veja em qual delas você se enquadra:

- fazer anotações soltas, independentes;
- fazer uma lista de palavras-chave;
- anotar tudo o que vem à mente, desordenadamente, para depois cortar e ordenar;
- elaborar um resumo das ideias para depois acrescentar detalhes, exemplos, ideias secundárias;
- construir um primeiro parágrafo para desbloquear e depois ir desenvolvendo as ideias ali expostas;
- escrever a ideia principal e as secundárias em frases isoladas para depois interligá-las;
- elaborar inicialmente uma espécie de sumário ou esquema geral do texto;
- organizar mentalmente os grandes blocos do texto, escrevê-los e reestruturá-los várias vezes.

Caso você utilize mais de um procedimento para iniciar seu texto, ou tenha um processo pessoal diferente dos que foram enumerados acima, não se preocupe. O importante é começar a ter mais consciência de suas próprias estratégias, conhecê-las, dominá-las.

A *primeira versão* de um texto ainda é muito insatisfatória. Procuramos então *relê-lo* com olhos não mais de autor, mas de leitor. Tentamos descobrir o que nosso leitor compreenderia do texto, quais são os pontos obscuros, confusos, ambíguos que merecem reestruturação. Quando há tempo e paciência, estendemos essa tarefa ao infinito.

Para que o autor fique satisfeito com o seu próprio texto, esse trabalho de ajuste é imprescindível. Nesse momento, podemos:
- enfatizar as ideias principais;
- reordenar as informações;
- substituir ideias inadequadas;
- eliminar ideias desnecessárias;
- alcançar maior exatidão para as ideias;
- acrescentar exemplos, conceitos, citações, argumentos;
- eliminar incoerências;
- estabelecer hierarquia entre as ideias;
- criar vínculos entre uma ideia e outra.

Para isso, geralmente, é preciso:
- acrescentar palavras ou frases;
- eliminar palavras ou frases;
- substituir palavras ou frases;
- transformar períodos, unindo-os por meio de conectivos ou separando-os por meio de pontuação;
- acrescentar transições entre os parágrafos;
- mudar elementos de lugar, reagrupando-os de forma diferente;
- corrigir problemas gramaticais.

Depois de algumas tentativas, feitos alguns rascunhos, consideramos que o texto está pronto. Mas é preciso, ainda, uma última leitura para rastrear problemas em relação à norma culta na superfície do texto (ortografia, pontuação, acentuação, concordância, regência). Eles podem ter passado despercebidos quando o redator focalizava a estruturação das ideias.

Se o redator foi muito reprimido no processo escolar, pode ter se tornado excessivamente autocrítico, muito exigente consigo mesmo desde o início do texto. Nesse caso, ele para a todo instante para resolver dúvidas gramaticais e corre o risco de perder o fio da meada, a direção do raciocínio, e de prejudicar a fluência, a continuidade do texto.

Escritores famosos submetem os originais à leitura prévia de amigos, intelectuais, especialistas e vão ao extremo de reescrever seus livros mais de dez vezes antes de liberá-los para publicação. Outros, mais obsessivos ainda, quando preparam uma nova edição de textos já publicados, voltam a reestruturá-los. Nunca consideram o texto pronto. Observe o que Gabriel García Márquez relata ao agradecer uma colaboração:

> *Antonio Bolívar Goyanes [...] teve a bondade de rever comigo os originais, numa caçada milimétrica de contrassensos, repetições, inconsequências, erros e erratas, e num escrutínio encarniçado da linguagem e da ortografia, até esgotar sete versões. Assim aconteceu surpreendermos com a mão na massa um militar que ganhava batalhas antes de nascer, uma viúva que foi para a Europa com seu amado esposo, e um almoço íntimo de Bolívar e Sucre em Bogotá, quando um deles se encontrava em Caracas e o outro em Quito.*
>
> Gabriel García Márquez. *O general em seu labirinto.*
> Rio de Janeiro: Record, 1989, p. 270.

Nosso conhecido escritor Fernando Sabino também trabalha assim:

> *Para mim, o ato de escrever é muito difícil e penoso, tenho sempre de corrigir e reescrever várias vezes. Basta dizer, como exemplo, que escrevi 1100 páginas datilografadas para fazer um romance no qual aproveitei pouco mais de 300.*
>
> *Para gostar de ler.* Vol. 3. Crônicas.
> São Paulo: Editora Ática, 7ª ed., 1987, p. 7.

E Paulo Mendes Campos, admirável poeta e cronista da mesma geração de Fernando Sabino, afirmou:

> – *Quando escrevo sob encomenda, não há muito tempo para corrigir. Quando escrevo para mim mesmo, costumo ficar corrigindo dias e dias – uma curtição. Escrever é estar vivo.*
>
> Idem, pp. 7-8.

Não devemos pensar numa ordem sequencial rígida como: PLANEJAMENTO > ESCRITA > REVISÃO. Pois, quando planejamos, já estamos em plena escrita e, quando escrevemos, revisamos simultaneamente parcelas do texto. Quando revisamos, voltamos ao planejamento para reajustá-lo ou para reajustar o texto ao objetivo inicial. O processo é recursivo, no sentido de que vamos e voltamos, fazendo ajustes e reajustes em cada aspecto.

> *Compreender todo esse mecanismo não é importante somente para especialistas. Quando o produtor do texto tem mais consciência de seus procedimentos mentais, tem mais controle sobre eles e pode dirigi-los de forma mais produtiva.*

3. Conhecendo melhor o processo de escrita

Vimos como a escrita representa trabalho e exige esforço, disciplina, atenção, paciência. O texto não é simplesmente resultado de uma inspiração divina, não vem pronto do além para que o redator apenas o transfira para o papel.

Ninguém escreve a sua primeira versão e se dá por satisfeito. É preciso reler, identificar problemas e reestruturar muitas vezes até que o texto chegue a corresponder aos objetivos iniciais e possa cumprir sua função de forma adequada.

Naturalmente, à medida que o redator vai melhorando seu desempenho, esse processo vai ficando mais rápido, muitas decisões e procedimentos vão se automatizando. Em situações de concurso, em que o tempo é limitado, o candidato deve abreviar e acelerar as ações, mas não pode eliminá-las ou desprezá-las.

4. Novos procedimentos na escrita

É NECESSÁRIO:

- TENTAR CONHECER E ANALISAR O SEU PRÓPRIO PROCESSO DE PRODUÇÃO DE TEXTO;
- AFASTAR O DESÂNIMO SE A PRIMEIRA VERSÃO DO TEXTO NÃO FOR SATISFATÓRIA;
- CULTIVAR A PACIÊNCIA;
- COMPREENDER QUE VÁRIAS RELEITURAS GARANTEM O APERFEIÇOAMENTO DO TEXTO;
- RECONHECER QUE REESCREVER É O PROCESSO NATURAL DE CONSTRUÇÃO DE UM BOM TEXTO;
- MOSTRAR PARA OUTRA PESSOA E ACEITAR SUGESTÕES, POIS É UMA PRÁTICA MUITO PRODUTIVA.

5. Prática de escrita

a) Escolha um tema para produzir um texto. Pode ser um exercício escolar, uma tarefa profissional ou uma atividade livre, como uma carta ou um requerimento. Ou imagine que está respondendo em uma entrevista à questão: Qual é a sua história pessoal com o ato de escrever? Use um gravador de áudio enquanto estiver planejando e escrevendo. Tente pensar em voz alta. Grave tudo o que acontece em sua atividade mental consciente. Quando terminar o texto, ouça o que gravou. Analise seu próprio processo. Reconheça quais são os passos que utilizou. Reflita acerca de seus procedimentos: Planeja antes de escrever ou durante a escrita? Tem bloqueio ao começar? Relê cada frase antes de continuar ou vai escrevendo para depois reler tudo? Que decisões toma?

Falta assunto? Tem dificuldade de encontrar palavras adequadas? Tem dificuldade em organizar os períodos? Sabe onde pontuar? Pensa no leitor? Como avalia o texto? Trabalha na revisão? O que pensa que precisa acelerar ou desacelerar? Esse exercício vai ajudá-lo a construir um controle maior sobre seus processos cognitivos. É preciso conhecer os procedimentos mentais e as habilidades necessárias para a escrita para conseguir aperfeiçoá-las.

b) Periodicamente, faça novo diagnóstico. Registre com as datas as transformações no seu caderno de anotações pessoais. Não há um modelo único mais correto, aplicável a todas as pessoas. Cada indivíduo deve conhecer suas próprias trajetórias e tentar aprimorá-las continuamente.

Capítulo 3
A qualidade da leitura

1. O que é leitura

Como vimos, a escrita não pode ser considerada desvinculada da leitura. Nossa forma de ler e nossas experiências com textos de outros redatores influenciam de várias maneiras nossos procedimentos de escrita. Pela leitura, vamos construindo uma intimidade muito grande com a língua escrita, vamos internalizando as suas estruturas e as suas infinitas possibilidades estilísticas.

Nosso convívio com a leitura de textos diversos consolida também a compreensão do funcionamento de cada gênero em cada situação. Além disso, a leitura é a forma primordial de enriquecimento da memória, do senso crítico e do conhecimento sobre os diversos assuntos acerca dos quais se pode escrever.

> *A leitura é um processo complexo e abrangente de decodificação de signos e de compreensão e intelecção do mundo que faz rigorosas exigências ao cérebro, à memória e à emoção. Trabalha com a capacidade simbólica e com a habilidade de interação mediada pela palavra. Envolve signos, frases, sentenças, argumentos, provas formais e informais, objetivos, intenções, ações e motivações. Envolve especificamente elementos da linguagem, mas também os da experiência de vida dos indivíduos.*

Os procedimentos de leitura podem variar de indivíduo para indivíduo e de objetivo para objetivo. Quando lemos apenas para nos divertir, o procedimento de leitura é bem espontâneo. Não precisamos fazer muito esforço para manter a atenção ou para gravar na memória algum item. Mas, em todas as formas de leitura, muito do nosso conhecimento prévio é exigido para que haja uma compreensão mais exata do texto. Trata-se de nosso conhecimento prévio sobre:

- *a língua;*
- *os gêneros e os tipos de texto;*
- *o assunto.*

Esses conhecimentos são muito importantes para a compreensão de um texto. É preciso compreender simultaneamente o vocabulário e a organização das frases; identificar o tipo de texto e o gênero; ativar as informações antigas e novas sobre o assunto; perceber os implícitos, as ironias, as relações estabelecidas com o nosso mundo real. Esse é o jogo que torna a leitura produtiva.

Como exemplo, vamos analisar uma crônica de Luís Fernando Veríssimo.

O PRESIDENTE TEM RAZÃO

Mais uma vez os adversários pinçam, maliciosamente, uma frase do presidente para criticar. No caso, a sua observação de que é chato ser rico. Pois eu entendi a intenção do presidente. Ele estava falando para pobres e preocupado em prepará-los para o fato de que não vão ficar menos pobres e podem até ficar mais, no seu governo, e que isso não é tão ruim assim. E eu concordo com o presidente. Ser pobre é muito mais divertido do que ser rico. Pobre vive amontoado em favelas, quase em estado natural, numa alegre promiscuidade que rico só pode invejar. Muitas vezes o pobre constrói sua própria casa, com papelão e caixotes. Quando é que um rico terá a mesma oportunidade de mexer assim com o barro da vida, exercer sua criatividade e morar num lugar que pode

> *chamar de realmente seu, da sua autoria, pelo menos até ser despejado? Que filho de rico verá um dia sua casa ser arrasada por um trator? Um maravilhoso trator de verdade, não de brinquedo, ali, no seu quintal! Todas as emoções que um filho de rico só tem em video game o filho de pobre tem ao vivo, olhando pela janela, só precisando cuidar para não levar bala. Mais de um rico obrigado a esperar dez minutos para ser atendido por um especialista, aqui ou no exterior, folheando uma National Geographic de 1950, deve ter suspirado e pensado que, se fosse pobre, aquilo não estaria acontecendo com ele. Ele estaria numa fila de hospital público desde a madrugada, conversando animadamente com todos à sua volta, lutando para manter seu lugar, xingando o funcionário que vem avisar que as senhas acabaram e que é preciso voltar amanhã, e ainda podendo assistir a uma visita teatral do Ministro da Saúde ao hospital, o que é sempre divertido, em vez de se chateando daquela maneira. E pior. Com toda as suas privações, rico ainda sabe que vai viver muito mais do que pobre, ainda mais neste modelo, e que seu tédio não terá fim. Efe Agá tem razão, é um inferno.*
>
> Correio Braziliense. Brasília, 2 dez. 1998.

Para compreender adequadamente esse texto, levamos em consideração, além de outros, os seguintes conhecimentos prévios:
- quem é Veríssimo (um escritor de humor, cronista crítico que se opõe ao governo em questão);
- como são, em geral, os outros textos de Luís Fernando Veríssimo (sempre de humor e ironia);
- qual é a sua posição no jornalismo de sua época (é um dos mais conceituados e respeitados cronistas de costumes e de política; seus textos são publicados em espaços nobres dos principais jornais e revistas brasileiros);
- quem é o presidente a que ele se refere (o presidente da República no ano de publicação, 1998);
- a que fala do presidente ele se refere (a comparação que estabeleceu entre a vida do pobre e a do rico);

- qual é a situação social do Brasil em nossa época e como é realmente a vida nas classes menos favorecidas.

Entrelaçando essas informações e a forma como o texto foi escrito, vamos reconsiderar o título e as ideias que se repetem pelo texto: *o presidente tem razão; eu entendi o presidente; eu concordo com o presidente.* Quando comparamos as descrições da forma de vida dos pobres e dos ricos e a afirmação de que *ser pobre é muito mais divertido do que ser rico*, penetramos no mundo da ironia, que no Dicionário Aurélio Eletrônico é definida como:

[Do grego: eiróneia, interrogação; pelo latim, ironia.]
S. f.
1. Modo de exprimir-se que consiste em dizer o contrário daquilo que se está pensando ou sentindo, ou por pudor em relação a si próprio ou com intenção depreciativa e sarcástica em relação a outrem;
2. Contraste fortuito que parece um escárnio;
3. Sarcasmo, zombaria.

Nessa experiência, podemos constatar que a leitura não é um procedimento simples. Ao contrário, é uma atividade extremamente complexa, pois não podemos considerar apenas o que está escrito. No texto analisado, por exemplo, para compreender as intenções e posições do autor, lemos muito mais *o que não está escrito*, pois suas ideias são contrárias ao que está escrito.

Como a leitura faz inúmeras solicitações simultâneas ao cérebro, é necessário desenvolver, consolidar e automatizar habilidades muito sofisticadas para pertencer ao mundo dos que leem com naturalidade e rapidez. Trata-se de um longo e acidentado percurso para a compreensão efetiva e responsiva, que envolve:
- decodificação de signos;
- interpretação de itens lexicais e gramaticais;
- agrupamento de palavras em blocos conceituais;

- identificação de palavras-chave;
- seleção e hierarquização de ideias;
- associação com informações anteriores;
- antecipação de informações;
- elaboração de hipóteses;
- construção de inferências;
- compreensão de pressupostos;
- controle de velocidade;
- focalização da atenção;
- avaliação do processo realizado;
- reorientação dos próprios procedimentos mentais.

Vamos analisar algumas dessas habilidades.

2. Recursos para uma leitura mais produtiva

Um leitor ativo considera os recursos técnicos e cognitivos que podem ser desenvolvidos para uma leitura produtiva. A leitura não se esgota no momento em que se lê. Expande-se por todo o processo de compreensão que antecede o texto, explora-lhe as possibilidades e prolonga-lhe o funcionamento além do contato com o texto propriamente dito, produzindo efeitos na vida e no convívio com as outras pessoas.

Há *procedimentos específicos de seleção e hierarquização da informação* como:
- observar títulos e subtítulos;
- analisar ilustrações;
- reconhecer elementos paratextuais importantes (parágrafos, negritos, sublinhados, deslocamentos, enumerações, quadros, legendas etc.);
- reconhecer e sublinhar palavras-chave;
- identificar e sublinhar ou marcar na margem fragmentos significativos;
- relacionar e integrar, sempre que possível, esses fragmentos a outros;

- decidir se deve consultar o glossário ou o dicionário ou adiar temporariamente a dúvida para esclarecimento no contexto;
- tomar notas sintéticas de acordo com os objetivos.

Há também *procedimentos de clarificação e simplificação das ideias do texto* como:
- construir paráfrases mentais ou orais de fragmentos complexos;
- substituir itens lexicais complexos por sinônimos familiares;
- reconhecer relações lexicais/morfológicas/sintáticas.

Utilizamos ainda *procedimentos de detecção de coerência textual*, tais como:
- identificar o gênero ou a macroestrutura do texto;
- ativar e usar conhecimentos prévios sobre o tema;
- usar conhecimentos prévios extratextuais, pragmáticos e da estrutura do gênero.

Um leitor maduro usa também, frequentemente, *procedimentos de controle e monitoramento da cognição*:
- planejar objetivos pessoais significativos para a leitura;
- controlar a atenção voluntária sobre o objetivo;
- controlar a consciência constante sobre a atividade mental;
- controlar o trajeto, o ritmo e a velocidade de leitura de acordo com os objetivos estabelecidos;
- detectar erros no processo de decodificação e interpretação;
- segmentar as unidades de significado;
- associar as unidades menores de significado a unidades maiores;
- autoavaliar continuamente o desempenho da atividade;
- aceitar e tolerar temporariamente uma compreensão desfocada até que a própria leitura desfaça a sensação de desconforto.

Alguns desses procedimentos são utilizados pelo leitor na primeira leitura, outros, na releitura. Há ainda aqueles que são concomitantes a outros, constituindo uma atividade cognitiva complexa que não obedece a uma sequência rígida de passos. É guiada tanto pela construção do próprio texto como pelos interesses, objetivos e intenções do leitor.

Como são interiorizados e automatizados pelo uso consciente e frequente, e são apenas meios, e não fins em si mesmos, nem sempre esses procedimentos estão muito claros ou conscientes para quem os utiliza na leitura cotidiana.

Vamos aprofundar nosso conhecimento acerca de alguns desses procedimentos.

3. Os tipos de leitura e seus objetivos

O objetivo da leitura, como já foi explicado anteriormente, determina de que forma lemos um texto. Lemos:
- por prazer, em busca de diversão, de emoção estética ou de evasão;
- para obter informações gerais, esclarecimentos, em busca de atualização;
- para obter informações precisas e exatas, analisá-las e escrever um texto relativo ao tema;
- para estudar, desenvolver o intelecto, em busca de qualificação profissional;
- para seguir instruções;
- para comunicar um texto a um auditório;
- para revisar um texto etc.

Se lemos um jornal, por exemplo, apenas para saber se há alguma novidade interessante, empreendemos uma leitura *do geral para o particular (descendente)*: olhamos as manchetes, fixamos alguns parágrafos iniciais, passamos os olhos pela página, procurando um ponto de atração e, quando o encontramos, fazemos um outro tipo de leitura: *do particular para o geral (ascendente)*.

No primeiro tipo somos superficiais, velozes, elaboramos rápidas hipóteses que não testamos, fazemos algumas adivinhações. No segundo tipo de leitura somos mais detalhistas, queremos saber tudo, procuramos garantir a compreensão precisa, exata.

Um leitor maduro distingue qual é o momento de fazer uma leitura superficial e rápida (*descendente*) daquele em que é necessária uma leitura detalhada, desacelerada (*ascendente*), mesmo quando está trabalhando ou estudando. Pois, mesmo quando estuda, há momentos em que você pode dispensar certos textos, ou partes de textos, que já são conhecidos.

4. Procedimentos estratégicos de leitura

Um texto para estudo, em geral, exige do leitor uma grande concentração, uma atenção voluntária e controlada. Esse tipo de leitura detalhada, minuciosa, que um estudante precisa desenvolver é o que vamos focalizar aqui. Há muitos recursos e procedimentos para uma leitura mais produtiva. Alguns você já usa naturalmente, outros, pode incorporar ao seu acervo de habilidades.

a) Estabelecer um objetivo claro

Sempre que temos um objetivo claro para a leitura vamos mais atentos para o texto. Já sabemos o que queremos e ficamos mais atentos às partes mais importantes em relação ao nosso objetivo.

Estabelecer previamente um objetivo nos ajuda a escolher e a controlar o tipo de leitura necessário: ascendente ou descendente; detalhada, lenta, minuciosa, ou rápida e superficial.

É importante construir previamente algumas perguntas que ajudam a controlar o objetivo e a atenção, como, por exemplo:
• Qual é a opinião do autor?
• Quais são as informações novas que o texto veicula?

- O que o autor pensa desse assunto? Em que discorda do que já conheço? O que acrescenta à discussão?
- Qual é o conceito, a definição desse fenômeno?
- Como ocorreu esse fato? Onde? Quando? Quais são suas causas? Quais são suas consequências? Quem estava envolvido? Quais são os dados quantitativos citados?
- O que é mais importante nesse texto? O que devo anotar para utilizar depois no meu trabalho?

Quando começamos uma leitura sem nenhuma pergunta prévia, temos mais dificuldade em identificar aspectos importantes, distinguir partes do texto, hierarquizar as informações.

b) Identificar e sublinhar com lápis as palavras-chave

As palavras que sustentam a maior carga de significado em um texto são chamadas de palavras-chave. Elas podem apresentar uma pequena variação de leitura para leitura, de leitor para leitor, pois cada um imprime sua visão ao que lê.

O Dicionário Aurélio Eletrônico registra:

Verbete: palavra-chave
S. f.
1. Palavra que encerra o significado global de um contexto, ou que o explica e identifica: A palavra-chave deste romance é angústia.
2. Palavra que serve para identificar num catálogo de livros ou de artigos, numa listagem ou na memória de um computador, os elementos que têm entre si um certo parentesco ou que pertencem a um certo grupo.

Sem elas, o texto perde totalmente o sentido. Por meio delas, podemos reconstituir o sentido de um texto, elaborar um esquema ou uma síntese. Normalmente são os substantivos, os verbos e certos adjetivos. Não são palavras gramaticais: artigos, conectivos, pronomes, preposições ou advérbios.

Nos dois parágrafos seguintes, vamos identificar as palavras-chave:

> Nenhuma **criança trabalha** porque quer. Mas porque é **obrigada**. Prova disso é que só as **pobres** entram precocemente no mercado de trabalho. No Brasil, três milhões de menores entre 10 e 14 anos saem de casa todos os dias para garantir o próprio **sustento** e, muitas vezes, o da família. Alguns nunca entraram numa **escola**. Outros tiveram que **abandonar os livros** antes do tempo. Jogados nas ruas ou em atividades insalubres, a maioria tem o **destino** traçado. De uma ou outra forma, está **condenada**. Não terá **direito ao futuro**.
> Entre a multidão de **trabalhadores mirins**, encontram-se cerca de cinquenta mil em **situação** desumana e degradante. São os **catadores de lixo**. Eles disputam com cães, porcos, ratos e urubus o que os outros jogam fora. A partir dos três ou quatro anos, os menores acompanham os pais aos aterros sanitários para catar a **sobrevivência**. O resultado de um **dia** de labor sob sol ou chuva é parco. Rende de **um a seis reais**.
>
> Correio Braziliense. Brasília, 19 jun. 1999. Editorial.

A partir das palavras destacadas (você poderia sugerir outras) podemos compreender e reconstituir o assunto principal do texto. O reconhecimento das relações lexicais, morfológicas e sintáticas estabelecidas na configuração da superfície do texto é um pressuposto necessário para que leitor possa tomar decisões. É importante aprender a selecionar e hierarquizar as ideias para identificar as palavras principais. Há muitos detalhes que são usados em um texto para esclarecer ou enriquecer a informação já dada. Não fazem falta a não ser estilisticamente.

Veja, por exemplo, a frase: *Eles disputam com cães, porcos, ratos e urubus o que os outros jogam fora.* O teor de informação nova agregado ao que já tinha sido dito é muito pequeno. É apenas uma ilustração explicativa contundente.

Observe a continuação desse texto e exercite sua capacidade de selecionar palavras importantes, destacando-as:

A QUALIDADE DA LEITURA

> *Na tentativa de pôr fim a esse quadro dramático, o Fundo das Nações Unidas para a Infância (Unicef), em conjunto com o Ministério do Meio Ambiente e a Secretaria do Desenvolvimento Urbano, lançou a campanha Criança no Lixo Nunca Mais. A meta é erradicar o trabalho dos catadores mirins. Para chegar lá, 31 instituições governamentais e não governamentais fornecerão orientações a prefeituras de 5.507 municípios sobre elaboração de projetos e formas de buscar recursos para implementá-los. A meta é ambiciosa. Ninguém imagina que seja fácil atingi-la. O desenvolvimento de um programa com semelhante dimensão deve, necessariamente, envolver a União, os estados, os municípios, além de parcerias com a iniciativa privada e a população em geral. Acima de tudo, exige vontade política.*
>
> *O governo está convocado a estabelecer políticas eficazes para atrair às escolas as crianças agora lançadas no mais abjeto dos infortúnios – a disputa de alimentos com os abutres. Há caminhos abertos nesse sentido. Um deles é a garantia de renda mínima para as famílias em estado de pobreza absoluta, incapazes de alimentar os filhos e, ao mesmo tempo, mantê-los no colégio. Nenhum esforço de tirar o menor do labor diário dará resultado se não for assegurado o sustento do núcleo em que ele vive. Outro caminho é a reciclagem educacional dos pais para que possam comparecer ao mercado de trabalho em condições de disputar empregos dignos.*
>
> *Não há tempo a perder. São 50 mil brasileiros que pedem socorro. Clamam por saúde e educação. A sociedade espera que a iniciativa do Unicef prospere. Espera, sobretudo, que o governo faça a sua parte. O amanhã se constrói a partir de hoje. E a perspectiva é de que nossos filhos e netos herdem um país melhor. A existência de uma multidão de meninos buscando a sobrevivência no lixo constitui mau presságio. Sugere que poderá não haver nenhum futuro. É indispensável e urgente modificar, para melhor, o cenário.*
>
> *Correio Braziliense*. Brasília, 19 jun. 1999. Editorial.

Observe como as palavras destacadas por você carregam o significado mais importante da mensagem e permitem que as ideias principais sejam recuperadas. É preciso observar e compreender para hierarquizar e selecionar. Tudo depende de treino, experiência. Ou seja, uma boa leitura depende de muita leitura anterior.

c) Tomar notas

Uma ajuda técnica imprescindível, principalmente para quem lê com o objetivo de estudar, é tomar notas. A partir das palavras-chave, o leitor pode ir destacando e anotando pequenas frases que resumem o pensamento principal dos períodos, dos parágrafos e do texto. Pode também marcar com lápis nas margens para identificar, por meio de títulos pessoais, as partes mais importantes, os objetivos, as enumerações, as conclusões, as definições, os conceitos, os pequenos resumos que o próprio autor elabora no decorrer do texto e tudo o mais que estiver de acordo com o objetivo principal da leitura (algumas edições já trazem esse destaque na margem para facilitar a leitura). Essas notas podem gerar um esquema, um resumo ou uma paráfrase.

Trabalho infantil no Brasil	*Nenhuma criança trabalha porque quer. Mas porque é obrigada. Prova disso é que só as pobres entram precocemente no mercado de trabalho. No Brasil,* **três milhões** *de menores entre 10 e 14 anos saem de casa todos os dias para garantir o próprio sustento e, muitas vezes, o da família. Alguns nunca entraram numa escola. Outros tiveram que* **abandonar os livros** *antes do tempo. Jogados nas ruas ou em* **atividades insalubres***, a maioria tem o destino traçado. De uma ou outra forma, está condenada. Não terá direito ao futuro.* *Entre a multidão de trabalhadores mirins, encontram-se cerca de* **cinquenta mil** *em situação de-*

Catadores de lixo/ 50.000

Unicef MMA-SDU Campanha Criança no Lixo Nunca Mais
Projetos e formas de buscar recursos

Caminhos

Soluções

Renda mínima e educação para o trabalho

Importante para o futuro do país

sumana e degradante. São os **catadores de lixo**. Eles disputam com cães, porcos, ratos e urubus o que os outros jogam fora. A partir dos três ou quatro anos, os menores acompanham os pais aos aterros sanitários para catar a sobrevivência. O resultado de um **dia** de labor sob sol ou chuva é parco. Rende de um **a seis reais**.

Na tentativa de pôr fim a esse quadro dramático, o Fundo das Nações Unidas para a Infância (**Unicef**), em conjunto com o **Ministério do Meio Ambiente** e a **Secretaria do Desenvolvimento Urbano**, lançou a **Campanha Criança no Lixo Nunca Mais**. A meta é erradicar o trabalho dos catadores mirins. Para chegar lá, **31 instituições** governamentais e não governamentais fornecerão **orientações a prefeituras de 5.507 municípios** sobre elaboração de **projetos e formas de buscar recursos** para implementá-los. A meta é ambiciosa. Ninguém imagina que seja fácil atingi-la. O desenvolvimento de um programa com semelhante dimensão deve, necessariamente, envolver a **União, os estados, os municípios, além de parcerias com a iniciativa privada e a população** em geral. Acima de tudo, exige vontade política.

O governo está convocado a estabelecer **políticas eficazes** para atrair às escolas as crianças agora lançadas no mais abjeto dos infortúnios – a disputa de alimentos com os abutres. Há caminhos abertos nesse sentido. Um deles é a garantia de **renda mínima** para as famílias em estado de pobreza absoluta, incapazes de alimentar os filhos e, ao mesmo tempo, mantê-los no colégio. Nenhum esforço de tirar o menor do labor diário dará resultado se não for assegurado o sustento do núcleo em que ele vive. Outro caminho é **a reciclagem educacional** dos pais para que possam comparecer ao mercado de trabalho em condições de **disputar empregos dignos**.

Não há tempo a perder. São 50 mil brasileiros que pedem socorro. Clamam por saúde e educação. A sociedade espera que a iniciativa do Unicef prospere. Espera, sobretudo, que o governo faça a sua

> *parte. O amanhã se constrói a partir de hoje. E a perspectiva é de que nossos filhos e netos herdem um* **país melhor**. *A existência de uma multidão de meninos buscando a sobrevivência no lixo constitui mau presságio. Sugere que poderá não haver nenhum* **futuro**. *É indispensável e urgente modificar, para melhor, o cenário.*
>
> Correio Braziliense. Brasília, 19 jun. 1999. Editorial.

d) Estudar o vocabulário

Durante a leitura de um texto, temos que decidir, a cada palavra nova que surge, se é melhor consultar o dicionário, o glossário, ou se podemos adiar essa consulta, aceitando nossa interpretação temporária da palavra a partir do contexto.

Observe o seguinte período do texto:

> *O governo está convocado a estabelecer políticas eficazes para atrair às escolas as crianças agora lançadas no mais abjeto dos infortúnios – a disputa de alimentos com os abutres.*

A palavra *abjeto* pode gerar dúvidas no leitor, mas podemos perceber que ela não é essencial ao texto. Quando retirada, o período preserva o significado. Talvez não seja tão necessário, nesse caso, consultar o dicionário, já que o contexto esclarece que se trata de uma ideia negativa que intensifica (junto ao advérbio *mais*) a negatividade que está em *infortúnios*. Poderíamos tentar substituí-la por outras mais conhecidas: *indigno, horrível, desprezível,* e a frase continuaria apresentando ideia lógica.

Esses procedimentos de inferência e compreensão lexical são realizados com muita velocidade pelo leitor. Quando a continuidade da leitura se torna prejudicada, o melhor mesmo é parar e ir ao dicionário.

e) Destacar divisões no texto para agrupá-las posteriormente

É importante compreender essas divisões para estabelecer mentalmente um esquema do texto. Muitas vezes o autor não insere gráficos, esquemas, nem explicita, por meio de enumerações, as divisões que faz das ideias. Preste bem atenção quando o texto apresenta estruturas assim:
- *Em primeiro lugar... em seguida... em terceiro lugar...*
- *Inicialmente... a seguir... finalmente...*
- *Primeiramente... em prosseguimento... por último...*
- *Por um lado... por outro lado...*
- *Num primeiro momento... num segundo momento...*
- *A primeira questão é... A segunda... A terceira...*

Por meio da identificação dessas estruturas, é possível reconstruir o raciocínio do autor e torna-se mais fácil elaborar esquemas e resumos.

No texto que estamos analisando há um exemplo interessante:

> *O governo está convocado a estabelecer* **políticas eficazes** *para atrair às escolas as crianças agora lançadas no mais abjeto dos infortúnios – a disputa de alimentos com os abutres.* **Há caminhos** *abertos nesse sentido.* **Um deles** *é a garantia de renda mínima para as famílias em estado de pobreza absoluta, incapazes de alimentar os filhos e, ao mesmo tempo, mantê-los no colégio. Nenhum esforço de tirar o menor do labor diário dará resultado se não for assegurado o sustento do núcleo em que ele vive.* **Outro caminho** *é a reciclagem educacional dos pais para que possam comparecer ao mercado de trabalho em condições de disputar empregos dignos.*

A identificação dessas estruturas textuais na leitura facilita a compreensão das ideias e cria uma matriz mental para organização e hierarquização das informações.

f) Simplificação

Um dos recursos mais produtivos durante a leitura de textos complexos é fazer constantemente paráfrases mentais mais simples daquilo que está no texto, ou seja, fazer traduções em palavras próprias, dizer mentalmente com suas próprias palavras o que entendeu do texto.

Uma brincadeira que o jornalista Elio Gaspari gosta de fazer é a simplificação de linguagens exageradamente complexas. Observe o exemplo:

CURSO MADAME NATASHA DE PIANO E PORTUGUÊS

Madame Natasha tem horror a música. Ela socorre os desconectados do vernáculo. Decidiu conceder uma de suas bolsas de estudo à professora M.B.G.S., presidente da Comissão Estadual para elaboração do Projeto de Informática na Educação. No relatório que essa comissão produziu, Natasha encontrou o seguinte adereço:
— O ambiente informatizado oportuniza a possibilidade de ruptura de estruturas estáticas. Toda experiência de aprendizagem pode ser simulada, mas a simulação, que é uma expressão simbólica, no ambiente digital passa a ser também real, passível de experiência sensorial.
Madame acreditaniza que quiseram dizerinizar o seguinte:
— O computador é um instrumento pedagógico versátil.

Elio Gaspari. *Jornal de Brasília*. Brasília, 22 fev. 1998.

O procedimento de tradução mental simplificadora é muito útil para conferir se entendemos mesmo o texto ou não.

g) Identificação da coerência textual

Diante de cada novo texto temos de identificar as estruturas básicas para compreender seu funcionamento. Assim, identificamos imediatamente o que é um poema, o que é uma fábula, o que é um texto dissertativo.

Como a escrita é para ser lida e compreendida a distância, sem interferência do autor no momento da leitura, sua elaboração exige uma estrutura exata, precisa, clara, que assegure ao leitor uma decodificação correta e adequada. Para tanto, o autor usa estruturas sintáticas complexas, estabelecendo minuciosamente as relações entre as ideias, já que não pode contar com o apoio do contexto, das expressões faciais, do conhecimento comum. Isso acontece principalmente nos textos de natureza informativa: dissertações, argumentações, reportagens e ensaios, os quais privilegiamos neste livro. Quanto menos compromisso o texto tem com a informação exata, mais espaço deixa para os acréscimos e interpretações do leitor, como é o caso da publicidade, da poesia e dos textos literários em geral, nos quais a polissemia (convívio de uma multiplicidade de significações sobre uma mesma base) predomina.

Um texto bem escrito apresenta sempre uma certa dose de repetição, de redundância, para auxiliar o leitor a chegar às conclusões desejadas pelo autor. Quando o interesse for assegurar uma compreensão predeterminada, precisa, exata, naturalmente será produzido um texto mais denso, mais estruturado. Terá por base um planejamento lógico, em que as sequências tenham uma articulação necessária entre si mesmas. Esses textos não são fáceis e não são compreendidos à primeira leitura, superficial e rápida. É preciso um rígido controle da atenção, um objetivo claro para a leitura, um empenho constante para fazer os relacionamentos adequados tanto entre as ideias interiores ao próprio texto como entre o texto e os conhecimentos prévios do leitor e suas experiências vividas.

Isso significa que a leitura para apreensão de informações deve ser uma leitura pausada, desacelerada, que vai do particular para o geral e volta do geral para o particular constantemente. Uma decifração que procura percorrer o mesmo raciocínio do autor do texto, refazendo o trajeto do seu pensamento original, para apreender, discutir, concordar ou se opor a essas ideias.

Durante a leitura é preciso conferir as interpretações, fazendo perguntas ao texto. Para isso, fazemos perguntas elementares:
- Quem escreve? *Autor.*
- Que tipo de texto é? *Gênero.*
- A quem se destina? *Público.*
- Onde é veiculado? *Suporte editorial.*
- Qual é o objetivo? *Intenções.*
- Com que autoridade? *Papel social do autor.*
- O que eu já sei sobre o tema? *Conhecimentos prévios do leitor.*
- Quais são os outros textos que estão sendo citados? *Intertextualidade.*
- Quais são as ideias principais? *Informações.*
- Quais são as partes do texto que apresentam objetivos, conceitos, definições, conclusões? Quais são as relações entre essas partes? *Estrutura textual.*
- Com que argumentos as ideias são defendidas? *Provas.*
- Onde e de que maneira a subjetividade está evidente? *Posicionamento explicitado.*
- Quais são as outras vozes que perpassam o texto? *Distribuição da responsabilidade pelas ideias.*
- Quais são os testemunhos utilizados? *Depoimentos.*
- Quais são os exemplos citados? *Fatos, dados.*
- Como são tratadas as ideias contrárias? *Rebatimento ou antecipação de oposições.*

Além dessas, há muitas outras perguntas que o leitor vai propondo à medida que lê e de acordo com os seus objetivos. Esse diálogo, essa interação entre leitor e texto exige a ativação de conhecimentos que extrapolam a simples decodificação dos elementos constitutivos do texto. Essas informações pragmáticas vêm iluminar e esclarecer os significados e estabelecer a coerência textual do que é lido.

Caso essas perguntas não sejam respondidas de maneira adequada, podemos incorrer em equívoco, interpretando mal os objetivos e, consequentemente, as informações e os significados.

h) Percepção da intertextualidade

Um texto traz em si marcas de outros textos, explícitas ou implícitas. A esse fenômeno chamamos intertextualidade. Essa ligação entre textos pode ir de uma simples citação explícita a uma leve alusão, ou até mesmo a uma paródia completa, em que a estrutura do texto inicial é utilizada como base para o novo texto. Essa associação é prevista pelo autor e deve ser feita pelo leitor de forma espontânea, na proporção em que partilhe conhecimentos com o autor. Em textos mais complexos, a intensidade do esforço para compreender a intertextualidade pode variar e sempre depende de conhecimentos prévios comuns ao autor e ao leitor.

Vamos analisar um exemplo bem simples de intertextualidade:

CONTRAFÁBULA DA CIGARRA E DA FORMIGA

Adaptação de Pedro Bandeira de um texto de Antonio A. Batista

Nesses tempos globalizados, a formiga era a mais moderna das executivas.
Passava a vida formigando de verdade. Esfalfava-se e trabalhava sem parar. Poupava cada centavo, mas não poupava preocupações.
Com tanta dedicação, é claro que sua conta bancária ia bem, apesar das oscilações da bolsa, dos aumentos da taxa básica de juros, das medidas do Banco Central e das cotações dos fungos no Mercado Futuro. Mas vivia também roendo-se de raiva ao ver a cigarra, com quem estudara no colégio, sempre torrando dinheiro, metida em shows *e boates, acompanhada de* socialites *e clientes libidinosos. E vivia a formiga a dizer por dentro:*
– Ah, ah! No inverno, tu hás de aparecer por aqui, a mendigar o que não poupaste no verão! E vais cair dura com a resposta que tenho preparada para ti!
Ruminando sua terrível vingança, voltava a formiga a tesourar e entesourar investimentos e lucros, incutindo nos filhos

> hábitos de poupança, consultando advogados e... tomando vasodilatadores. Um dia, quando voltava de um almoço no Fasano com os japoneses da informática, encontrou a cigarra no Shopping Iguatemi, cantarolando como de costume.
> "Lá vem ela dar a sua facada!", pensou a formiga. "Ah, ah! Finalmente chegou a minha vez!"
> Mas, para sua surpresa, a cigarra aproximou-se só querendo saber como estava ela e como estavam todos no formigueiro. A formiga, remordida, preparando o terreno para sua terrível vingança, comentou:
> — A senhora andou cantando todo este verão, não foi, dona Cigarra?
> — É claro! – disse a cigarra. – Adoro cantar.
> — Agora no inverno é que vai ser mau – continuou a formiga, com toda a maldade na voz. – A senhora não depositou nada na poupança, não é?
> — É verdade. Mas não faz mal. Acabei de fechar um contrato com o Olympia de Paris por duzentos mil dólares...
> — O quê?! – exclamou a formiga. – A senhora vai ganhar duzentos mil dólares no inverno?
> — Ah, não. Isso é só em Paris. Depois, tenho a excursão a Nova York, depois Londres, depois Amsterdã...
> Aí a formiga pensou no seu trabalho, nas suas azias, na sua vida terrivelmente cansativa e nas suas ameaças de enfarte, enquanto aquela inútil da cigarra ganhava tanto cantando e se divertindo! E perguntou:
> — Quando a senhora embarca para Paris?
> — Na semana que vem... Por quê?
> — Pode me fazer um favor? Quando chegar a Paris, procure lá um tal de La Fontaine e diga-lhe que ele vá para o raio que o parta!

Trata-se de uma fábula, ou seja, uma historieta de ficção, de cunho popular e de caráter alegórico, destinada a ilustrar um preceito, uma sabedoria. O próprio título anuncia a intenção. O autor parte do pressuposto de que seus leitores conhecem a fábula da Cigarra e da Formiga, do autor francês La Fontaine, e que reconhecerão imediatamente a sua *paródia*. Utilizando uma situação similar à fábula original, atualiza suas circunstâncias e modifica seu final (*intertextualidade implícita na estrutura*). Segundo sua posição crítica, hoje em dia, no mundo dominado pelos meios de comunicação e pelo hedonismo, os artistas podem chegar a ser milionários com mais rapidez e facilidade do que quem trabalha incansavelmente pensando exclusivamente no dinheiro, e a mensagem original, contrária ao prazer, não estaria mais funcionando. É também um juízo a favor da arte em oposição à especulação financeira.

A história em si é engraçada, mas a alusão à fábula original (na última fala da formiga) cria a *intertextualidade explícita*, já que remete à lição de moral tradicional e multiplica o humor do texto.

i) *Monitoramento e concentração*

Durante a leitura, podemos exercer um relativo controle consciente sobre as nossas atividades mentais, disciplinando-as e submetendo-as aos nossos interesses. Esse controle é essencial para que a leitura seja produtiva. Ele não é espontâneo e depende de treino e concentração. Por isso, é necessário prestar bem a atenção no que fazemos enquanto lemos para termos mais domínio sobre as nossas próprias habilidades de leitura.

- **Fidelidade ao planejamento:** Antes de começar a ler um texto, sempre estabelecemos, consciente ou inconscientemente, uma espécie de roteiro: Como vamos ler? Para que vamos ler? Esse roteiro deve ser controlado e reavaliado durante a leitura. Algumas vezes pode merecer reorientação. Estou mesmo perseguindo meu objetivo? Já me distraí? Mudei o meu trajeto de leitura? Criei outro objetivo no percurso?
- **Detecção de erros no processo de leitura:** Algumas vezes lemos muito rapidamente enquanto pensamos em ou-

tra coisa e, quando percebemos a distração, temos que voltar e reler aquele trecho. Esse é um exemplo de como controlamos naturalmente os nossos erros de leitura. Outras vezes, interpretamos mal uma passagem e, no decorrer da leitura, percebemos que as ideias estão contraditórias. Voltamos, então, para conferir a decodificação das palavras e a interpretação. Essa capacidade de avaliar constantemente a própria leitura precisa ser desenvolvida.

- **Ajuste de velocidade:** O leitor deve controlar a velocidade de leitura de acordo com as dificuldades que o texto oferece e com os objetivos da leitura. Às vezes, podemos ler mais rapidamente, quando o assunto é conhecido, quando o trecho é fácil ou quando a leitura tem por objetivo a simples distração. Outras vezes, temos que ler desaceleradamente, quando estudamos assuntos desconhecidos, quando o texto é denso e complexo ou quando contém muitos implícitos. Para garantir esse controle, é necessário ter uma consciência contínua dos procedimentos que estão sendo utilizados, além de uma disposição para avaliar a qualidade da própria leitura.
- **Tolerância e paciência:** Muitas vezes, desistimos da leitura de um texto no primeiro parágrafo. Esse procedimento é precipitado. É preciso mergulhar profundamente no texto para dar-lhe uma chance de ser bem-sucedido. Na maioria das vezes, a leitura se torna, pouco a pouco, mais fácil, e as dificuldades preliminares vão se resolvendo. Esse desconforto no início de um texto é muito comum, pois é natural que o começo da compreensão seja ainda uma ideia desfocada. A primeira leitura, com frequência, não é satisfatória e é preciso empreender uma segunda, já com alguma informação sobre o texto e com mais atenção e concentração.

5. Conhecendo melhor o processo de leitura

Como vimos, a escrita depende de nosso conhecimento do assunto, da língua e dos modelos de texto; para isso, a leitura é fundamental. É um processo complexo que exige do leitor uma série de habilidades cognitivas muito sofisticadas. Uma única leitura nem sempre é suficiente; geralmente é necessário voltar ao texto algumas vezes, conforme nossos objetivos. E são os objetivos que vão direcionar o tipo de leitura que vai ser realizado. Em qualquer situação de leitura utilizamos procedimentos que nos auxiliam a compreender e interpretar o texto. É importante desenvolver adequadamente essas estratégias de apoio técnico, de simplificação e de monitoração das atividades mentais de forma que possamos otimizar nosso esforço, ou seja, conseguir o melhor resultado da maneira mais prática e simples. Habilidades que agilizem os procedimentos contribuem para que não haja desperdício de energia e de tempo, e também para que a leitura se transforme, a cada dia, em um exercício mais prazeroso. Pela leitura, interiorizamos as estruturas da língua, os gêneros, os tipos de texto, os recursos estilísticos com mais eficácia do que pelas aulas e exercícios gramaticais. Assim, naturalmente, a leitura ajuda a escrever melhor.

6. Prática de leitura

a) Escolha um artigo assinado do jornal de sua preferência. Leia uma vez. Releia e responda mentalmente às perguntas:
Quem escreve? Que tipo de texto é? A quem se destina? Onde é veiculado? Qual é o objetivo? Com que autoridade? O que eu já sei sobre o tema? Quais são os outros textos que estão sendo citados? Quais são as ideias principais? Quais são as partes do texto que apresentam: objetivos, conceitos, definições, conclusões? Quais são as relações entre essas partes? Com que argumentos as ideias são defendidas? Onde e de que maneira a subjetividade está evidente? Quais são as outras vozes que perpassam o texto? Quais são os testemunhos utilizados?

Quais são os exemplos citados? Como são tratadas as ideias contrárias?

c) Escolha um texto dissertativo que ofereça alguma dificuldade de leitura para você. Leia, dizendo em voz alta seus pensamentos para controlar a leitura. Grave em fita de áudio tudo o que pensa enquanto lê. Analise os procedimentos de leitura sugeridos neste capítulo que você já utiliza.

d) Escolha um texto de estudo e aplique as estratégias de leitura apresentadas neste capítulo.

Capítulo 4
Da leitura para a escrita

1. O trabalho com a memória

Precisamos usar muitas informações contidas em textos que já lemos. Mas nem sempre isso é possível. Nossa memória é muito seletiva. Ela não guarda tudo o que gostaríamos a partir de uma primeira leitura.

Algum esclarecimento acerca da memória, essa faculdade de reter as ideias, as impressões e os conhecimentos adquiridos anteriormente, pode ajudar a compreender e controlar seu funcionamento. Temos dois tipos de memória: a de longo prazo e a de curto prazo.

Na memória de longo prazo guardamos nossos conhecimentos consolidados, pois é duradoura. Na de curto prazo, que é seletiva e rotativa, guardamos informações novas, por um período breve, enquanto elas nos são úteis e estão sendo realmente utilizadas. Como exemplo, podemos pensar na seguinte situação: se estamos tentando comunicação por vezes repetidas com um número de telefone, chegamos a memorizá--lo. Mas, se nos dias subsequentes não precisarmos mais desse número, a memória vai descartá-lo por falta de uso. Já um número usado todos os dias, importante na nossa vida diária, permanece na nossa memória de longo prazo. Não o esquecemos tão facilmente.

As informações novas ficam algum tempo na memória de curto prazo, como se estivessem temporariamente à disposição, em um período de teste. Se, nesse período, forem muito usadas, estabelecem laços com outras informações preexistentes, encontram pontos de apoio que as sustentam por mais tempo e se tornam mais duradouras. Se não forem úteis por longo período, serão descartadas. Isso acontece com nomes de lugares, de pessoas, de livros, de filmes. E acontece também com conceitos e definições. Se não são utilizados, caem no esquecimento. Um professor, por exemplo, que dá aulas sobre uma mesma matéria para várias turmas, durante muito tempo, acaba por dominar naturalmente o assunto. Um outro, que apenas esporadicamente fala sobre um tema, tem que estudá-lo para reavivar a memória quando precisa expor novamente o assunto.

Quando decoramos mecanicamente regras e conceitos, como se faz frequentemente nos cursos preparatórios para concursos, tudo aquilo que nos deu tanto trabalho para memorizar à força é esquecido imediatamente após a prova. O mesmo acontece quando estudamos a gramática pela gramática, sem aplicação direta na produção de textos. Se memorizamos alguns itens sem transferi-los gradualmente para a prática, esquecemos tudo com facilidade.

Então, para que uma informação fique consolidada na memória de longo prazo é preciso que seja:
- útil na vida prática ou para nossas reflexões abstratas;
- utilizada com certa frequência;
- reelaborada em nossa mente por meio de novas associações e novas divisões;
- associada e relacionada a outros conhecimentos prévios existentes em nossa memória.

Memorizamos aquilo que é significativo para nossos interesses intelectuais ou para nossa vida pessoal.

É importante considerar também outros aspectos da aprendizagem. Já sabemos que as informações que vêm apenas por via auditiva são menos duradouras, aprendemos uma pequena parcela do que ouvimos. Quando podemos ler uma vez a informação, aprendemos um pouco mais. Quando vemos, temos um pouco mais ainda de possibilidade de gravar na memória.

Mas se podemos ouvir, ler, ver e experimentar, utilizar, atuar, ou seja, desenvolver uma ação (concreta ou mental) sobre certa informação de forma pessoal, conseguimos maior índice de memorização e de aprendizagem.

Assim, aprender exige trabalho sobre o conhecimento. Não se trata de uma simples transferência, em que o professor ou o texto doam ao aluno a informação nova. É preciso que a pessoa trabalhe bastante para que o conhecimento passe realmente a ser propriedade sua.

Hoje em dia, a ciência já constatou que o cérebro e a memória precisam de exercícios, e que a inteligência precisa ser constantemente estimulada para não se atrofiar. Quanto mais aprendemos, mais temos possibilidade de aprender, pois os conhecimentos que adquirimos formam uma base em que novos conhecimentos vêm se instalar de forma mais duradoura.

Como a primeira leitura é sempre muito breve e superficial, precisamos utilizar estratégias de desaceleração para apreendermos melhor um texto, conforme vimos no capítulo anterior.

A leitura pode levar à produção de textos de natureza diferente do texto original e com finalidades também diferentes. Muitas vezes, lemos e tentamos memorizar o que lemos, ou então sintetizar as informações para revê-las ou repassá-las a outros. Assim, podemos produzir esquemas, quadros, resumos e paráfrases.

2. Resumos, esquemas e paráfrases

A partir do esquema, podemos facilmente reconstituir as ligações do texto original elaborando um novo texto, mais curto que o original – um resumo – em que as informações essenciais são rearticuladas em uma nova organização. Se nosso objetivo é repetir as mesmas informações integralmente, elaboramos a paráfrase, que também é uma forma de retomada das informações.

Organizar um esquema é uma maneira preparatória para o resumo e a paráfrase. A leitura com esse fim é muito detalhada. O leitor deve criar o seu próprio método, mas podemos estabelecer um roteiro básico como sugestão:

1º - Empreender uma primeira leitura descendente, rápida, do geral para o particular, prestando atenção nos títulos e subtítulos, na organização geral do texto. É uma leitura de reconhecimento prévio do material a ser estudado.
2º - Fazer uma segunda leitura, identificando palavras-chave e anotando ideia por ideia, parágrafo por parágrafo.
3º - Reagrupar as informações de acordo com unidades menores, mantendo as relações entre essas unidades.
4º - Organizar um esquema das ideias, subdividindo-o de acordo com as relações sintáticas.
5º - Voltar ao texto e conferir a correspondência com as ideias principais.
6º - Redigir o resumo seguindo o roteiro estabelecido pelo esquema.

Normalmente, embora existam variações infinitas, os parágrafos dissertativos/argumentativos têm uma estrutura organizada logicamente:
• Primeiros períodos = ideia principal
• Períodos seguintes = desenvolvimento
• Último período = conclusão

Quando a ideia principal surge no início do parágrafo, ela pode ser: uma afirmação, uma negação, um conceito, uma pergunta, como veremos no capítulo 6. Muitas vezes, o autor prefere colocar a ideia principal no fim do parágrafo, como conclusão. Pode até mesmo não explicitá-la claramente, mas deixá-la implícita, para que o leitor chegue mentalmente à conclusão a partir das evidências colocadas no texto.

Em um resumo, recorre-se a poucos efeitos retóricos, pois a linguagem deve ser objetiva e clara. O desenvolvimento, no resumo, visa fundamentar a ideia inicial, dispensando exemplos e ilustrações, e pode trazer explicações, oposições, comparações, divisão de ideias.

O leitor que tenta reconstruir o percurso do autor não pode acrescentar ideias novas ao resumo do que lê, pois se trata de uma síntese, uma compactação, e não de uma crítica, uma resenha ou um comentário, que permitem ampliação e discussão. O processo de debate pressupõe a intelecção, a compreensão das ideias expostas pelo outro. Por isso é bom, quando ainda na fase do esquema, prender-se às expressões utilizadas pelo próprio autor do texto.

O resumo é um trabalho sobre a linguagem muito complexo, pois é necessário trabalhar com precisão sobre: significados, estruturas sintáticas, vocabulário, gênero e tipo de texto.

Outro aspecto que deve ser levado em consideração é o uso das frases de transição. Elas conduzem o raciocínio do leitor de acordo com o planejamento do autor e podem exercer várias funções. Colocaremos aqui alguns exemplos, mas você pode encontrar infinitas variações nos textos que lê.

Indicam objetivo:
- O que desejamos neste trabalho
- O objetivo desta investigação
- Pretendemos demonstrar
- Procuramos comprovar
- Estamos tentando provar

Indicam inserção de exemplo:
- Para exemplificar, podemos observar
- Para comprovar o que foi dito
- Exemplo disso é
- Como exemplo, pode-se observar
- Assim, é o que ocorre no caso em que

Indicam inserção de citações:
- Segundo o especialista X
- De acordo com o que afirma X
- X já afirmou que
- Conforme X, em sua obra Y

Indicam divisão de ideias:
- Em primeiro lugar...; em segundo...; por último...
- Primeiramente...; depois...; em seguida...; finalmente...
- O primeiro aspecto é...; um outro aspecto é...
- Por um lado...; por outro lado...

Indicam conclusão parcial ou final:
- Em vista disso podemos concluir
- Diante do que foi dito
- Em suma
- Em resumo
- Concluindo
- Portanto
- Assim

Essas frases exigem muita atenção do leitor. São elas que o levam a decidir quais são as informações essenciais e as que podem ser dispensadas no resumo.
Vamos analisar um texto e compreender o processo de resumo.

INDÚSTRIA CULTURAL E CULTURA DE MASSA

A partir da **segunda revolução industrial** *no século XIX e prosseguindo no que se denomina agora sociedade pós-industrial ou pós-moderna (iniciada nos anos 70 do século XX),* **as artes foram submetidas** *a uma nova servidão: as regras do* **mercado capitalista** *e a* **ideologia da indústria cultural***, baseada na ideia e na prática do consumo de "***produtos culturais***" fabricados em série. As obras de* **arte são mercadorias***, como tudo que existe no capitalismo. Perdida a aura, a arte não se democratizou,* **massificou-se** *para consumo rápido no mercado da moda e nos meios de comunicação de massa, transformando-se em propaganda e publicidade, sinal de* status *social, prestígio político e controle cultural.*

Sob os efeitos da massificação da indústria e consumo culturais, **as artes correm o risco** *de perder três de suas principais características: 1. de expressivas, tornarem-se reprodutivas e repetitivas; 2. de trabalho da criação, tornarem-se eventos para consumo; 3. de experimentação do novo, tornarem-se consagração do consagrado pela moda e pelo consumo.*

A **arte** *possui intrinsecamente* **valor de exposição** *ou exponibilidade, isto é, existe para ser* **contemplada e fruída***. É essencialmente espetáculo, palavra que vem do latim e significa: dado à visibilidade. No entanto, sob controle econômico e ideológico das empresas de comunicação artística, a arte se* **transforma em seu oposto***: é um evento para* **tornar invisível a realidade** *e o próprio trabalho criador das obras. É algo para ser consumido e não para ser conhecido, fruído e superado por novas obras.*

As obras de arte e de pensamento poderiam **democratizar-se** *com os novos meios de comunicação, pois todos poderiam, em princípio, ter acesso a elas, conhecê-las, incorporá-las em suas vidas, criticá-las, e os artistas e pensadores poderiam superá-las* em outras, novas. A democratização da cultura tem como precondição a ideia de que os bens culturais (no sentido restrito de obras de arte e de pensamento, e não no sentido antropológico amplo) são direito de todos, e não privilégio de alguns. **Democracia cultural** significa **direito de acesso e de fruição das obras culturais**, direito **à informação e à formação culturais**, direito à **produção cultural**.

A **indústria cultural** acarreta **resultado oposto**, ao massificar a Cultura. Por quê?

Em primeiro lugar, **porque separa** os bens culturais pelo seu suposto **valor de mercado**: há obras "**caras**" e "**raras**", **destinadas aos privilegiados** que podem pagar por elas, formando uma elite cultural; e há obras "**baratas**" e "**comuns**", **destinadas à massa**. Assim, em vez de garantir o mesmo direito de todos à totalidade da produção cultural, a indústria cultural introduz **a divisão social** entre elite "cultural" e massa "inculta". O que é a massa? É um agregado sem forma e sem rosto, sem identidade e sem pleno direito à Cultura.

Em segundo lugar, porque cria **a ilusão** de que todos têm **acesso** aos mesmos bens culturais, cada um escolhendo livremente o que deseja, como o consumidor num supermercado. No entanto, basta darmos atenção aos horários dos programas de rádio e televisão ou ao que é vendido nas bancas de jornais e revistas para vermos que, **através dos preços**, as empresas de divulgação cultural **já selecionaram** de antemão o que cada grupo social pode e deve ouvir, ver ou ler.

Em terceiro lugar, porque inventa uma figura chamada "**espectador médio**", "**ouvinte médio**" e "**leitor médio**", aos quais são atribuídas certas capacidades mentais "médias", certos conhecimentos "médios" e certos gostos "médios", oferecendo-lhes **produtos culturais "médios"**. O que significa isso?

A indústria cultural vende Cultura. Para vendê-la, deve seduzir e agradar o consumidor. Para seduzi-lo e agradá-lo, não pode chocá-lo, provocá-lo, fazê-lo pensar, fazê-lo ter informações novas que o perturbem, mas deve **devolver-lhe com nova aparência o que ele já sabe**, já viu, já fez. A "média" é o senso comum cristalizado que a indústria cultural devolve com cara de coisa nova.

Em quarto lugar, porque define a Cultura como **lazer e entretenimento, diversão e distração**, de modo que tudo o que nas

> *obras de arte e de pensamento significa **trabalho da sensibilidade, da imaginação, da inteligência, da reflexão e da crítica não tem interesse, não "vende"**. Massificar é, assim, **banalizar** a expressão artística e intelectual. Em lugar de difundir e divulgar a Cultura, despertando interesse por ela, a indústria cultural realiza a **vulgarização** das artes e dos conhecimentos.*
>
> Marilena Chaui. Convite à Filosofia. São Paulo:
Ed. Ática, 8ª ed., 1997, pp. 329-30.

Uma primeira leitura, superficial e rápida, do texto já nos diz que a ideia principal é a *distinção entre o que é realmente arte e o que a indústria cultural produz para a massa no capitalismo.* Sabemos que Marilena Chaui é uma filósofa e que se trata de um texto dissertativo, teórico, sobre conceitos bastante abstratos.

Na segunda leitura, já com essas ideias, ao ativar nossos conhecimentos anteriores sobre o assunto, podemos aprofundar mais a compreensão das causas e consequências dessa distinção, identificando as palavras-chave e as ideias secundárias distribuídas pelos parágrafos.

Já é possível retirar do texto a sua estrutura básica e reorganizá-la em blocos. O texto começa com uma informação que será explicitada nos parágrafos seguintes, ou seja, no primeiro parágrafo já se anuncia a ideia principal: de que a arte foi transformada numa mercadoria e que, por isso, foi desvirtuada pela indústria cultural. Os parágrafos seguintes desenvolvem e aprofundam essa ideia.

Indústria cultural e cultura de massa

Artes submetidas
(2ª revolução industrial séc. XIX)
➢ mercado capitalista
➢ ideologia da indústria cultural

Obra de arte tem valor de exposição / deve ser contemplada e fruída.
se transforma em seu oposto = mercadoria quando
➢ Fabricação em série
➢ Propaganda e publicidade
➢ Sinal de *status*
➢ Prestígio político
➢ Controle cultural
não se democratizou   massificou-se
Arte corre risco
  Valor de: pode se transformar em:
1. expressidade   ➢ repetição;
2. criação   ➢ consumo;
3. experimentação ➢ consagração do consagrado pelo consumo.
torna invisível a realidade e o próprio trabalho criador

Democracia cultural (poderia acontecer pelos meios de comunicação)
Todos têm direito
➢ ao acesso e à fruição;
➢ à informação e à formação;
➢ à produção cultural.

Indústria cultural resultado oposto = introduz a divisão social ao massificar a Cultura.
porque
1. separa
➢ "caras" e "raras", os privilegiados, elite culta;
➢ "baratas" e "comuns", massa inculta.
2. cria a ilusão de acesso – através dos preços seleciona grupo social.
3. inventa uma média "espectador, ouvinte ou leitor médio", capacidades mentais, conhecimentos e gostos "médios" = produtos culturais "médios" = o que o consumidor já sabe = senso comum, sem provocações.
4. define a Cultura como lazer e entretenimento, diversão e distração; sensibilidade, imaginação, inteligência, reflexão e crítica não têm interesse, não vendem.

Massifica = banaliza/vulgariza a expressão artística e intelectual.

Nesse esquema, as 700 palavras do texto original foram reduzidas a apenas 198. Ao analisar as escolhas feitas, voltando ao texto, podemos observar que algumas informações foram eliminadas e outras puderam ser reagrupadas. Os efeitos de repetição, redundância e as perguntas retóricas, que têm a função de prender a atenção do leitor, são dispensados, e o resumo vai reconstruir diretamente as afirmações, conclusões e respostas.

O resumo, a partir do esquema, reagrupa as ideias, rearticulando-as em novas orações e períodos, independentes do texto original, numa redação própria da pessoa que resume. Deve funcionar como um texto autônomo, não pode mais depender do original como o esquema, que serve apenas para retomar as ideias principais. Assim, no resumo que apresentamos a seguir, a quantidade de palavras em relação ao esquema é maior: 267.

> Desde a segunda revolução industrial, no século XIX, as artes foram submetidas às regras do mercado capitalista e à ideologia da indústria cultural. *A obra de arte tem um valor de exposição, é feita para ser contemplada, fruída e revelar a realidade. Entretanto, não foi democratizada, massificou-se e transformou-se em seu oposto: mercadoria; produtos culturais fabricados em série;* sinal de status; *prestígio político e controle cultural; além de tornar a realidade e o trabalho criador invisíveis. Sob controle econômico, a arte corre o risco de perder suas características, deixar a expressividade pela repetição, a criação pelo consumo e a experimentação pelo consagrado.*
> *A democratização da cultura, entendida como o direito de acesso e fruição, informação e formação, e ainda produção cultural, que poderia ser alcançada pelos meios de comunicação social, foi substituída pela massificação. A indústria cultural não democratiza, porque, ao massificar, reintroduz a divisão social e:*
> *1. separa os bens culturais pagos e raros para uma elite culta e os bens baratos e comuns para a massa inculta; 2. cria a ilusão do acesso igual para todos, mas, pelo preço, define os grupos que podem usufruir de cada bem; 3. inventa um consumidor médio, com capacidades, conhecimentos e gosto médios, para o qual produz bens médios, vendáveis, fundados no senso comum, sem novida-*

des; 4. vê a cultura como lazer, entretenimento, diversão e distração – de forma que não é interessante, porque não vende, o trabalho da sensibilidade, da imaginação, da inteligência, da reflexão e da crítica.
Assim, em lugar de democratizar a Cultura, a indústria cultural produz uma massificação, que é banalização e vulgarização da arte e do conhecimento.

Observe que a terceira pessoa, que garante a impessoalidade própria da estrutura dissertativa, foi mantida.

Além dos usos pessoais do resumo, ele é considerado, por técnicos em editoração e por cientistas, a representação condensada do conteúdo de um documento (é obrigatório, antecedendo trabalho científico, artigo, dissertação e tese), isto é, deve conter dados essenciais que ajudem o leitor a decidir sobre a necessidade de ler ou não um texto todo. Pode ser:
- indicativo (de 10 a 50 palavras) – geral e sintético.
- informativo (até 350 palavras) – representa o conteúdo, o assunto, os pontos de vista e, em caso de trabalhos científicos, os métodos e conclusões.
- crítico (também chamado de resenha) – apresenta a posição do leitor, comparações com outros trabalhos e pode trazer uma avaliação geral. É utilizado em revistas científicas.

Há diferenças entre o resumo e a paráfrase que é necessário esclarecer. Um texto é paráfrase do outro quando traz as mesmas informações por meio de outras palavras; tem a mesma função, mas apresenta uma forma de organização diferente. Quando a organização é semelhante, mas as informações são diferentes, dizemos que é uma *paródia*. Assim, quando sobre uma mesma melodia criamos letra diferente, às vezes cômica ou irônica, estamos parodiando. Mas o efeito da paródia é artístico e criativo.

Como já vimos no capítulo anterior, utilizamos a paráfrase mentalmente, como uma estratégia para ler e estudar. Ocorre, no processo de estudo e de aprendizagem, uma internalização ou assimilação. O aprendiz incorpora o conhecimento novo, apropria-se dele. Essa assimilação requer uma elaboração interna, pois não se trata apenas de transposição ou transferência. A elaboração interior é feita por meio de paráfrase: para saber se estou compreendendo bem uma ideia, é preciso que eu saiba pensá-la, reproduzi-la ou dizê-la com minhas próprias palavras. Pela paráfrase mental, pela reprodução das ideias com minhas próprias palavras, tenho consciência de que domino a nova informação.

É essencial compreender que também na produção de textos usamos frequentemente a paráfrase, já que um texto é feito de outros textos. Ou seja, utilizamos informações lidas, além de nossa experiência de vida, para escrever um trabalho ou um artigo. Essas informações lidas passam a fazer parte de nosso acervo pessoal de conhecimentos pela internalização, mas guardam um vínculo com o texto original do qual provêm. Às vezes é preciso citar explicitamente sua origem (nome, obra, data), outras, basta fazer uma alusão ao dono das ideias e, muitas vezes, podemos incorporá-las ao nosso texto de maneira parafraseada. Por isso a paráfrase é tão útil.

Na paráfrase, frases e períodos podem ser simplificados, agregados ou transformados estilisticamente. Palavras complexas podem ser substituídas por expressões mais simples e familiares ou pode ocorrer o contrário, dependendo do objetivo da paráfrase. As informações têm de ser fiéis às ideias do texto original, sem acréscimos, transformações conceituais ou reduções. A paráfrase, vale repetir, não é um resumo. Paráfrases malfeitas podem constituir mal-entendidos prejudiciais à comunicação e, se não houver uma citação clara do autor das ideias, podem ser consideradas plágio.

Assim, podemos sempre utilizar ideias de outros autores fazendo:

citação literal:

Marilena Chaui afirma em seu texto que, "em lugar de difundir e divulgar a Cultura, despertando interesse por ela, a indústria cultural realiza a vulgarização das artes e dos conhecimentos".

ou paráfrase:

Marilena Chaui afirma em seu texto que a indústria cultural vulgariza as artes e os conhecimentos em vez de difundir, divulgar e despertar interesse pela Cultura.

3. Conservando e reutilizando o que foi lido

Neste capítulo vimos como podemos registrar as informações lidas de forma que se torne mais fácil voltar a elas, consultá-las, reutilizá-las. Nossos textos são compostos, em grande parte, com base em informações que colhemos em outros textos, mas nossa leitura não retém na memória tudo que é necessário. Por isso, é preciso dar-lhe um apoio anotando, registrando, resumindo ou esquematizando. O próprio esforço de reelaborar as ideias, reestruturá-las e reordená-las em outro formato exige uma grande atividade mental, que contribui para que a assimilação seja mais consistente. Quando falamos para nós mesmos, com nossas próprias palavras, interpretando o que foi lido, fazemos pequenas paráfrases, que são muito úteis na ampliação das habilidades cognitivas. É preciso uma leitura refinada, com vários retornos ao texto, para identificação, seleção e hierarquização de ideias.

Assim, não perca suas leituras por falta de anotações. Quanto mais organizadas forem essas anotações, mais úteis poderão se tornar quando da produção de um novo texto. Além disso, são úteis também como textos autônomos, que exercem funções próprias como: resumo para apresentação oral e escrita de trabalhos, esquema para orientar aula ou palestra etc.

4. Prática de síntese

a) Escolha um texto de estudo ou relativo ao seu trabalho que precise conhecer bem. Leia uma primeira vez para se familiarizar com as ideias. Releia, fazendo anotações. Faça um

esquema das ideias. Elabore um resumo reduzindo-o a 50% do original.
b) Escolha um parágrafo longo de um texto dissertativo. Após a leitura, elabore uma paráfrase em tom mais coloquial.
c) De todas as suas leituras para estudo ou trabalho, ao fim de cada capítulo ou parte de texto, elabore um pequeno parágrafo, sintetizando a ideia principal.

Sempre que fizer esses exercícios de síntese, anote a bibliografia referente. É muito comum, depois de algum tempo, não se saber mais de onde foram retiradas aquelas ideias. E isso é o mesmo que não ter lido, pois não se pode citar a fonte. As técnicas de registro de bibliografia podem variar. A Associação Brasileira de Normas Técnicas (ABNT) normatiza as regras para publicações, mas as editoras optam por algumas variações. O importante é que o documento possa ser recuperado pelo leitor a partir de informações básicas. Neste livro, junto aos textos transcritos, adotamos o seguinte modelo simplicado:

NOME DO AUTOR. TÍTULO. CIDADE: EDITORA, EDIÇÃO, ANO, PÁGINA.

Marilena Chaui. *Convite à Filosofia*. São Paulo: Ed. Ática, 8.ª ed., 1997, pp. 329-30.

Capítulo 5
Decisões preliminares sobre o texto a produzir

1. Tomando decisões

Para escrever um texto, tomamos muitas decisões antes e durante o trabalho. Essas decisões estão relacionadas àqueles mesmos aspectos que tentamos descobrir quando estamos lendo textos de outras pessoas. São questões de várias ordens: textuais, linguísticas, interpessoais, informacionais. Podemos traduzir algumas das decisões preliminares nas seguintes perguntas:
- Quais são os objetivos do texto que vou produzir?
- Quais informações quero transmitir?
- Qual é o gênero de texto mais adequado aos meus objetivos?
- Que estruturas de linguagem devo usar?

Vamos refletir, agora, sobre essas decisões.

2. Funções da linguagem

Como podemos perceber, a língua escrita é usada com diferentes funções e com os mais diversos objetivos. Cada um dos objetivos vai determinar o formato que o texto vai tomar e, muitas vezes, o veículo em que vai circular. Há algumas funções consideradas básicas e que estão presentes nos textos de forma especial. As diversas funções coexistem e duas ou três aparecem simultaneamente num mesmo texto, mas sempre

transparece uma função preponderante. Focalizaremos, a seguir, cinco funções primordiais da linguagem, conforme seus objetivos estejam centrados:
- no EU;
- no leitor;
- na linguagem e no seu funcionamento;
- na estruturação do texto e na sua estética; ou
- na informação.

Vamos detalhar aqui como essas funções se realizam no texto escrito.

a) A linguagem como expressão individual
– Objetivos centrados no EU

Muitos textos têm uma natureza essencialmente subjetiva, estão voltados para a expressão individual. Para a expressão de nossos pensamentos, podemos escrever textos de gêneros muito diferentes como: *diários, depoimentos, cartas, bilhetes, artigos, poemas...*

Dizemos, então, que a função da linguagem está centrada no EU, na função expressiva, pois o objetivo principal do texto é transmitir ou registrar os sentimentos, pensamentos e emoções de uma pessoa. A voz que assume a "fala" nesse tipo de texto é a própria voz do autor, e por isso a primeira pessoa do singular é utilizada com muita frequência.

Um exemplo desses textos é o *diário pessoal*. Vejamos um pequeno texto de Manuel Bandeira:

Diário de Bordo

22 de julho

Ontem, à noite, tivemos sessão de cinema. A história do filme se passava na África, com muita fera, muito negro, Clark Gable,

> Ava Gardner e Grace Kelly. As feras representando muito bem.
> Clark Gable disfarçando com grande charme a sua velhice. Ava
> Gardner e Grace Kelly eu só conhecia de fotos nas revistas e jornais. Bonitas, mas não me dão vontade de revê-las. Tenho vontade
> de rever é ... Audrey Hepburn.
>
> Manuel Bandeira. Flauta de Papel, Poesia Completa e Prosa.
Rio de Janeiro: Editora Aguilar, 1967.

Nesse trecho, o autor registra suas impressões a respeito de um filme e dos atores. Nos três últimos períodos, a função expressiva é mais evidente: a experiência pessoal e as emoções são ressaltadas e as informações assumem o tom de confissão.

Embora nosso exemplo pertença ao universo literário, pode ser esclarecedor, pois, sempre que escrevemos um diário, escrevemos para um leitor que é a nossa própria pessoa em outro momento. É quase um monólogo, já que o autor fala consigo mesmo. Porém, é preciso considerar que esse autor estará exercendo o papel de leitor num segundo momento e, por isso, a mensagem, por mais secreta e enigmática que seja, deve estar bem elaborada para que possa ser compreendida em outras circunstâncias. Trata-se de dar ajuda à memória, já que não se pode confiar totalmente nela. Muitas vezes, escrevemos *bilhetes* para nós mesmos no intuito de não esquecer algum compromisso ou informação e, quando lemos essas anotações, não entendemos o que queríamos dizer. Nomes e telefones de novos conhecidos, por exemplo, sempre causam um pouco de dúvida se não estiverem acompanhados de alguma referência mais específica. A nossa memória, como já vimos, precisa de mais de um ponto de apoio. Palavras soltas são difíceis de ser associadas a fatos, acontecimentos, pessoas, circunstâncias. Um conhecimento ou uma informação preexistentes ajudam a sustentar conhecimentos novos na memória por mais tempo.

A função expressiva da linguagem é essencial à nossa vida, é por meio dela que nos construímos como sujeitos atuantes na sociedade e no mundo. A conquista da expressão dos próprios pensamentos e opiniões é um instrumento primordial para o exercício da cidadania. É por intermédio da função expressiva que nos tornamos senhores de nossa própria história. Repetir pensamentos de outros é, às vezes, muito importante, mas reconstruí-los, assimilá-los criticamente e assumir a própria voz é essencial.

No entanto, nos vestibulares e concursos, nas teses e dissertações, a expressão subjetiva explícita, ou seja, a predominância da função expressiva, é geralmente considerada inadequada e dá lugar à impessoalidade, à neutralidade, à discussão teórica e abstrata em que o *eu* não se expõe com tanta evidência.

b) Função centrada no leitor ou apelativa

Uma outra função da linguagem é aquela centrada no leitor, ou seja, está presente em textos cujo objetivo é influenciar a atitude de quem lê, alterando o seu comportamento. Geralmente é uma instrução de procedimentos, uma ordem, uma súplica, uma orientação, uma sugestão.

Vamos analisar esta carta comercial/publicitária:

> *Prezado José da Silva,*
>
> *José da Silva, você é muito especial para nós. E por isso sempre estaremos oferecendo-lhe descontos e promoções em nossos serviços. Para que essas vantagens cheguem até você, José da Silva, é necessário que mantenha seu cadastro atualizado. Pedimos que você verifique a correção dos dados pessoais e do telefone exibidos na conta. Se houver alguma alteração, por favor, José da Silva, entre em contato com nossa Central de Atendimento ao Cliente por meio do telefone XXXX XXXX.*
>
> *Obrigado por ter escolhido nossa empresa para chegar mais perto de sua família, dos amigos e dos negócios. Continue preferindo nossa operadora. Temos certeza de que cada vez mais atenderemos às suas necessidades de telecomunicações, com a alta qualidade e a avançada tecnologia da empresa que está pronta para o século XXI.*
>
> *Atenciosamente,*
> Beltrano
> *Diretor de Serviços*

Observe como o propósito da carta influenciou a sua forma. A empresa quer continuar sendo escolhida pelo leitor como sua operadora de serviços de telecomunicações. Podemos dizer que a função preponderante é centrada no leitor, no seu comportamento, na sua reação, na sua escolha futura. Assim, as informações estão todas organizadas de forma a atingir essa meta, colocando as ações do leitor em evidência. Muito menos eficaz para o objetivo da empresa seria a simples comunicação por mensagem de WhatsApp:

> *Atualize cadastro pelo telefone XXXX XXXX. Agradecemos pela preferência.*

É importante perceber os mecanismos de convencimento que estão implícitos em determinados textos que manipulam o pensamento das pessoas. Por meio desse tipo de texto, a sociedade pode ser controlada e submetida à dominação política e cultural. Quanto mais esclarecidos são os cidadãos, mais percebem quando estão sendo persuadidos contra a própria vontade e mais resistem aos processos de tirania e arbítrio. Mas a sociedade de consumo é fundamentada em textos apelativos, que criam necessidades de consumo e transformam as pessoas em máquinas desejantes, ansiosas por adquirir mais e mais. Por isso é preciso ler com muita atenção e procurar as segundas e terceiras intenções em tudo o que nos chega às mãos.

c) A linguagem que explica a língua – função metalinguística

A linguagem pode falar acerca de si mesma, explicar-se. Função metalinguística é a função da linguagem na qual predominam os enunciados em que o código, ou parte dele, se constitui objeto de descrição.

Os exemplos mais claros são os textos da gramática, dos livros didáticos de língua portuguesa e do dicionário. É a língua falando sobre a própria língua. Observe este exemplo:

> *Nível – 1. A locução **a nível de**, modismo desnecessário e condenável, tornou-se uma das mais terríveis muletas linguísticas da atualidade, em substituição a praticamente tudo que se queira. Veja alguns casos em que a locução aparece e como evitá-la: Decisão **a nível de** diretoria (decisão da diretoria). / Decisão **a nível de** governo (decisão governamental). / Reunião **a nível** internacional (reunião internacional). / Contratações **a nível de** futuro (contratações para o futuro). / O salário será **a nível de** 5 mil reais (em torno de).*
> *2. Em determinados casos podem ser usadas as locuções **no plano de** e **em termos de**.*
> *3. Existe ainda **ao nível de**, mas apenas com o significado de **à mesma altura**: ao nível do mar.*
>
> Eduardo Martins. *Manual de Redação e Estilo – O Estado de S. Paulo.*
> São Paulo: Editora Moderna, p. 190 (com adaptações).

Embora possamos perceber que um autor elaborou o pensamento sobre o item analisado, é como se ele estivesse ausente do texto.

Em um dicionário, é ainda mais evidente essa ausência de um autor explicitamente identificável no texto. Observe os verbetes a seguir:

> Verbete: **cinema**
> *[De cinematógrafo.]*
> S. m.
> 1. Arte de compor e realizar filmes cinematográficos.
> 2. Cinematografia.
> 3. Projeção cinematográfica.
> 4. Sala de espetáculos, onde se projetam filmes cinematográficos. *[Cf. sinema.]*
>   Cinema falado.
> 1. Aquele em que a projeção é acompanhada de uma faixa sonora.
>   Cinema mudo.
> 1. Aquele em que a projeção não vem acompanhada de som: cena muda.
> ***** 1 cinem *[Do gr. kínema, atos.]*
> El. comp.
> 1. = 'movimento': cinemascópio.

DECISÕES PRELIMINARES SOBRE O TEXTO A PRODUZIR

[Equiv.: cinemat(o)-: cinemática, cinematógrafo.]
Verbete: **cinemateca**
[De cinema- + -teca.]
S. f.
1. Local onde se conservam os filmes cinematográficos, em especial os considerados de valor cultural ou artístico.

Verbete: **cinematográfico**
Adj.
1. Respeitante à cinematografia.
2. Que, por sua beleza e/ou por outra(s) qualidade(s), é digno de ser cinematografado: uma jovem cinematográfica; paisagem cinematográfica.
3. Próprio de cinema; que lembra o que se vê no cinema: "Rilhava os dentes, evocando o beijo cinematográfico que dera no aeroporto, pouco antes de partir o avião." (Nélson Rodrigues, 100 Contos Escolhidos. A Vida como Ela É. *II, p. 42.)*

Dicionário Aurélio Eletrônico

Há um conjunto de recursos que dispensa a voz do dicionarista. Cada verbete, pela forma como está organizado, proporciona ao leitor o caminho para compreender os significados, a morfologia, os possíveis usos e as relações entre as palavras.

É por meio desses textos que ampliamos o nosso universo linguístico. A língua é um dos instrumentos mais importantes na conquista da própria identidade e da cidadania. Quando uma pessoa tem um bom vocabulário e sabe combinar adequadamente as palavras, dispõe de uma excelente ferramenta social para exercer suas tarefas na sociedade. Mas quando sua linguagem apresenta problemas, seja no acervo e na escolha de palavras, seja na sua combinação, percebemos que alguma coisa não funciona bem: pausas, truncamentos, titubeios na fala e falhas e inadequações na escrita.

Se você já leu *Vidas Secas*, de Graciliano Ramos, vai se lembrar do sofrimento de Fabiano por não dominar as palavras.

d) A arte literária – função poética

Encontramos a função poética da linguagem quando a intenção do autor de um texto é extrair da linguagem as suas mais altas possibilidades expressivas, jogar com as potencialidades latentes nas palavras e criar combinações novas e originais. Essa elaboração provoca no leitor uma espécie de experiência estética prazerosa, de estranhamento agradável, ou seja, chama a atenção para a organização e a estruturação do texto, mais do que para a informação, o apelo ou a confissão.

Dizemos, então, que o texto é opaco, em oposição à transparência do texto informativo, pois chama a atenção para si mesmo, para sua elaboração especial e intencional. Nesses casos, temos a arte que utiliza a linguagem verbal, a palavra, como material de criação: a literatura.

O FIM DAS COISAS

FECHADO O CINEMA ODEON, na rua da Bahia.
Fechado para sempre.
Não é possível, minha mocidade
fecha com ele um pouco.
Não amadureci ainda bastante
para aceitar a morte das coisas
que minhas coisas são, sendo de outrem,
e até aplaudi-las, quando for o caso.
(Amadurecerei um dia?)
Não aceito, por enquanto, o cinema Glória,
maior, mais americano, mais isso e aquilo.
Quero é o derrotado Cinema Odeon,
o miúdo, fora de moda Cinema Odeon.
A espera na sala de espera. A matinê
com Buck Jones, tombos, tiros, tramas.
A primeira sessão e a segunda sessão da noite.
A divina orquestra, mesmo não divina,
costumeira. O jornal da Fox. William S. Hart.
As meninas de família na plateia.

> *A impossível (sonhada) bolinação,*
> *pobre sátiro em potencial.*
> *Exijo em nome da lei ou fora da lei*
> *que se reabram as portas e volte o passado*
> *musical, waldemarpissilândico, sublime agora*
> *que para sempre submerge em funeral de sombras*
> *neste primeiro lutulento de janeiro*
> *de 1928.*
>
> Carlos Drummond de Andrade – *Boitempo*

O poema de Drummond exemplifica essa opção pela escrita de forma especial: a disposição das frases no papel, a associação entre as ideias, a escolha das palavras, a elaboração original e única para a expressão de uma interpretação sobre os fenômenos do mundo. Quando citamos um poema, não podemos resumi-lo, alterá-lo ou transformá-lo, como fazemos com um texto de jornal, por exemplo. A estruturação do texto é tão importante que qualquer substituição constituiria uma agressão à autoria do poeta. Nos versos *"FECHADO O CINEMA ODEON, na rua da Bahia./Fechado para sempre.",* o jogo de palavras é intencional e não pode ser modificado sem que se modifique o efeito dessa escolha sobre a interpretação do poema como um todo.

O relato da experiência pessoal, apresentado como uma narrativa no poema, demonstra como as funções se sobrepõem, são simultâneas. O poema é prioritariamente uma elaboração especial da linguagem, mas é também, ao mesmo tempo, expressão do EU e informação sobre fatos e acontecimentos.

Assim, o poema é plurissignificativo, polissêmico, já que permite várias formas de leitura, e abre caminho para que os leitores empreendam uma reflexão que pode desdobrar-se em várias camadas: lírica, crítica social, crítica da cultura, depoimento social de costumes de uma época, crítica política, análise psicológica...

No exemplo, você pode observar muitas das características da literatura que constituem meios para a elaboração especial da linguagem:

- Ritmo
- Repetição de palavras
- Repetição de sons
- Repetição de ideias
- Jogos de palavras
- Ironias, duplo sentido, humor
- Criação de novos vocábulos (neologismos)
- Frases nominais
- Estrutura sintática predominantemente justaposta
- Uso da primeira pessoa do singular

A literatura assume, por sua vez, diversas formas e diferentes objetivos. A prosa e o verso se desdobram em outras espécies literárias. O romance, o conto, o teatro, a poesia narrativa épica são feições diferentes para um mesmo fenômeno: a arte da palavra. E cada uma dessas formas tem subgêneros. Por exemplo, o romance pode ser histórico, de amor, de costumes, policial, de terror, de guerra, de humor...

Nosso objetivo principal neste livro não é o estudo da literatura; entretanto, o conhecimento da natureza do texto artístico é imprescindível para que se compreenda como funcionam os textos não literários. A leitura frequente de textos literários é também muito importante na formação de uma pessoa, porque a obra de arte oferece interpretações do mundo que estimulam a reflexão e o conhecimento. Além de proporcionar experiência estética, o convívio com a literatura constitui um exercício privilegiado de habilidades cognitivas e de familiaridade com as estruturas e possibilidades da língua escrita.

e) Função referencial

Quando a língua é usada para descrever, definir, conceituar, informar, dizemos que se evidencia a função referencial, pois se refere primordialmente a uma noção ou fenômeno.

O exemplo a seguir é um caso em que a função referencial é preponderante:

O CINEMA

O cinema nasce mudo e em preto e branco. Os primeiros filmes são rudimentares, de curta duração (um ou dois minutos), que mostram cenas do cotidiano captadas ao ar livre por uma câmara fixa. A primeira exibição pública de um filme, A chegada do trem à estação de Ciotat, *é realizada em 28 de dezembro de 1895, em Paris, pelos irmãos Auguste (1862-1954) e Louis Lumière (1864-1948). Os dois franceses haviam criado o cinematógrafo, aparelho capaz de exibir imagens em movimento, e são considerados os inventores do cinema.*

É o francês Georges Méliès (1861-1938) que introduz a ficção no cinema usando recursos como cenários e figurinos. É atribuída a ele a realização dos primeiros filmes em cores. Um exemplo de sua ficção colorida é Viagem à Lua *(1902). O grande avanço, porém, é com o norte-americano David Wark Griffith (1875--1948). Ele cria o corte e a montagem, o que permite contar ações paralelas intercalando as imagens. Também inova ao deslocar a câmera para filmar closes. Suas inovações estão reunidas em* O nascimento de uma nação *(1905), filme sobre a Guerra da Secessão norte-americana (1861-1865) que surpreende na época pela longa duração: mais de duas horas.*

Nascido na França, o cinema logo se desenvolve nos EUA. É lá que se concentra a produção durante a 1.ª Guerra Mundial e são montados os primeiros estúdios de filmagem, em Hollywood. Na década de 20, os americanos têm grande responsabilidade sobre a evolução dessa arte. Durante a exibição dos filmes mudos é comum a música de fundo tocada por um pianista ao vivo.

Além dos documentários, o gênero de filme mais comum é a comédia, baseada na mímica, alma do cinema mudo. As estrelas dessas produções nos anos 10 e 20 são Buster Keston (1895-1966) e Charles Chaplin (1889-1977).

Na Europa, a partir do fim da década de 10, o cinema se aproxima dos grandes movimentos artístico-literários, como surrealismo, expressionismo, construtivismo.

Em 1927 surge o primeiro filme falado: O cantor de jazz, *um filme de Alan Crosland produzido pela Warner Bros. Começa uma nova fase e surgem os musicais.*

No Brasil, a primeira sessão pública de cinema é realizada no Rio de Janeiro em 8 de julho de 1896. Na década de 20, aparecem

> os primeiros grandes diretores: *Mário Peixoto (1911-1993), autor do consagrado* Limite *(1929-1930), e Humberto Mauro (1877--1983), autor de* Brasa Dormida *(1928) e de* Ganga Bruta *(1933).*
>
> Almanaque Abril 1996

Como você pode observar, não se trata de um texto expressivo (centrado no EU). Não quer provocar algum comportamento no leitor, não trata da linguagem como fenômeno nem busca proporcionar experiência estética especial. Quem fala, a maneira como fala, quem lê e a linguagem em si são questões deixadas em segundo plano. O objetivo é transmitir informações a respeito de uma realidade.

Descrever, expor, relatar, conceituar, definir são formas de linguagem que evidenciam a função referencial. Geralmente, o autor se distancia ou desaparece quase completamente para tornar a informação bastante neutra, imparcial, clara e objetiva. É como se a realidade falasse por si própria, sem a interferência das impressões do autor. Os recursos explorados pela literatura para chamar a atenção para a estrutura da linguagem (repetições, inversões, eliminação de elementos sintáticos etc.) são evitados. Dizemos, então, que o texto é transparente, pois não atrai a observação do leitor sobre a forma como é organizado. O que ganha evidência é a informação. Esse tipo de texto, no qual os verbos que indicam subjetividade, na primeira pessoa do singular, como *penso, sinto, acho, considero, percebo, interpreto*, são sistematicamente evitados, é o mais valorizado nos meios científicos, universitários e acadêmicos.

3. Decisões em relação às estruturas linguísticas

O falante de uma língua é, de certa forma, um poliglota. Ele fala e usa a língua em diversas situações, com distintos objetivos, em diferentes níveis. Há distinções fundamentais nesses usos que é preciso considerar, como as que se dão entre:

- modalidade oral e escrita
- registro formal e informal
- variedade padrão e não padrão

a) Distinções entre as modalidades oral e escrita

Frequentemente confundimos as modalidades da língua oral e escrita. Embora pertençam ao mesmo sistema, essas duas manifestações são apenas parcialmente semelhantes. Considere o seu próprio uso da linguagem e observe que a língua escrita não dispõe dos recursos contextuais, como expressões faciais, gestos, entonação, que enriquecem a oral. Ao escrever, precisamos seguir mais rigorosamente as exigências da língua padrão, porque o nosso interlocutor está distante e é necessário garantir a compreensão.

Podemos esquematizar nossos procedimentos:

Na fala

- somos mais espontâneos, não planejamos com antecedência o que vamos falar, a não ser em situações muito formais ou delicadas;
- temos apoio da situação física, do contexto, do conhecimento do interlocutor, das expressões faciais, dos gestos, das pausas, das modulações da voz, das referências ao ambiente;
- podemos repetir informações, explicar algum item mal compreendido, podemos resolver dúvidas do ouvinte;
- usamos frases mais simples, conjunções facilmente compreendidas;
- é muito comum surgirem na fala truncamentos, cortes, repetições, titubeios e problemas de concordância. Pensamos muito rapidamente e a expressão das nossas ideias pode ser, na fala, um pouco atrapalhada, pois podemos, a cada momento, corrigir e explicar melhor;
- usamos expressões dialetais com mais frequência.

Na escrita

- planejamos cuidadosamente o nosso texto para assegurar que o leitor compreenda nossas ideias sem precisar de mais explicações, pois não temos o apoio do contexto, ou seja, não podemos resolver dúvidas imediatamente, não dispomos de recursos como gestos, voz, expressões faciais;
- revisamos para avaliar o funcionamento do texto e evitar repetições desnecessárias de palavras, truncamentos, problemas de concordância, regência, colocação pronominal, pontuação, ortografia;
- utilizamos sintaxe mais complexa, que permite a exatidão e a clareza do pensamento; assim, as orações subordinadas são mais frequentes na escrita que na fala;
- procuramos utilizar um vocabulário mais exato e preciso, pois temos tempo de procurar a palavra adequada;
- evitamos gíria e expressões coloquiais, principalmente quando o texto é formal.

Portanto, a escrita não é a simples transcrição da fala. Tem características próprias e exigências diferentes. Podemos sintetizar as diferenças no seguinte quadro:

FALA	ESCRITA
Espontânea	Planejada
Evanescente	Duradoura
Grande apoio contextual	Ausência de apoio contextual
Face a face	Interlocutor distante
Repetições / redundâncias / truncamentos / desvios	Controle da sintaxe / das repetições / da redundância
Predomínio de orações coordenadas	Predomínio de orações subordinadas

DECISÕES PRELIMINARES SOBRE O TEXTO A PRODUZIR

b) Formalidade e informalidade

Tanto a fala como a escrita podem variar quanto ao grau de formalidade.

Há uma gradação que vai da fala mais descontraída:
Oi, tá tudo bem?
à fala mais formal, planejada e mais próxima da escrita:
Caros ouvintes, boa tarde!
e da escrita mais informal:
Tô chegando aí. Deixa o parabéns pra mais tarde!
à mais formal:
Chegaremos ao local da cerimônia com um pequeno atraso em relação à programação anteriormente estabelecida. Solicitamos que as atividades sejam adiadas por alguns minutos.

Cabe ao falante ou redator analisar a situação, o contexto, e decidir como usar as infinitas possibilidades da língua da forma mais adequada e aceitável, segundo os objetivos do momento. Para isso, é imprescindível ampliar continuamente o acervo de opções, ou seja, o vocabulário e as formas de combinação das palavras em frases e textos. Outra vez, chamamos atenção para o seu próprio uso da linguagem e para a necessidade de que você reflita acerca de seu desempenho.

Um dos problemas mais frequentes na produção de textos de jovens redatores é a confusão entre a modalidade oral, que permeia a escrita informal, e a modalidade escrita formal. Para que você tenha ferramentas para analisar essa questão, observe alguns itens que merecem atenção, porque representam estruturas próprias da fala, que podem aparecer em textos informais, mas muitas vezes são utilizadas indevidamente na escrita formal:

- Formas reduzidas ou contraídas: *pra (para); tô (estou); tá (está); né (não é); peraí (espere aí); cê (você); taí (está aí).*

- Palavras de articulação entre ideias (repetidas em excesso) que substituem conjunções mais exatas: *então, daí; aí; e; que.*
- Sinais utilizados na fala para orientar a atenção do ouvinte: *bem; bom; veja bem; certo?; viu?; entendeu?; de acordo?; não sabe?; sabe?.*
- Verbos de sentido muito geral no lugar de verbos de sentido mais exato: *dar, ficar, dizer, ter, fazer, achar, ser.*
- Gírias e coloquialismos: *papo, enche, velho, manera, pega leve, amarra, se toca, rolando um papo, sem essa.*
- Inconsistência no uso de pronomes: *te, você, seu, sua; a gente, nós.*

Esses elementos são próprios da fala espontânea, sem planejamento. Aparecem na escrita de forma eficiente quando se deseja dar ao texto um tom coloquial, informal, um efeito de intimidade que simula a oralidade ou o diálogo.

É muitas vezes o caso do texto publicitário, como neste texto de uma propaganda de adoçante dietético:

Te cuida, Paizão.
Eu sei que a vida não tá fácil. A gente só ouve falar em stress... Você diz pra gente que a vida corre mansa... que no seu tempo era diferente. Sabe, esse papo às vezes enche! Mas te vendo cansado e fazendo tudo pra agradar é que a gente sente o quanto te ama. Por isso, velho, manera. Um uisquinho de vez em quando, vai lá...Vê se consegue mudar um pouco sua alimentação, pega leve nas frituras, diminui o açúcar. Faz como a mamãe, que se amarra num diet. Você fala pra tomar cuidado com os excessos. E quando é que você vai se tocar disso? Hoje não tem presente. Mas o que tá rolando é papo de amigo, sem essa de dinheiro. Pai, a sua saúde é superimportante pra gente. Você vive dizendo que pensa no meu futuro. Só que eu também penso no seu.

Há recursos da fala e da escrita informal que funcionam muito bem em determinados contextos, mas que são inadequados em documentos oficiais ou em textos formais. Muitas vezes, entretanto, encontramos algumas dessas formas impróprias, vestígios de coloquialismo, em textos que não as admitem. Constituem recursos inadequados para o texto formal escrito. Devem ser considerados os primeiros elementos a eliminar ou substituir quando se deseja transformar um discurso oral informal, espontâneo, em um texto escrito formal.

O texto formal utiliza o que chamamos de norma, língua culta ou padrão. É muito difícil definir o que seja o padrão culto de uma língua, pois estamos lidando com um fenômeno vivo, sempre em evolução, sujeito a uma infinidade de influências e transformações. Assim, não há por que se portar perante a língua como que de modo submisso a um poder autoritário. O que define a norma ou padrão culto é o uso, consensualmente aceito e consagrado como correto pelos falantes que têm alto grau de escolaridade. Isso diz respeito tanto à fala quanto à escrita.

Historicamente, o padrão depende do poder político, econômico e social daqueles que o definem e o codificam nas gramáticas escolares e o consagram na escrita formal. Assim, a língua padrão é o consenso do que está nos documentos oficiais, nas leis, nos livros de qualidade, nos jornais e revistas tradicionais de grande circulação.

No início do século, a norma estava nos textos literários de autores como Machado de Assis, Rui Barbosa e Euclides da Cunha. Eles são os exemplos mais citados em nossas gramáticas descritivas e normativas. Entretanto, os grandes escritores modernistas trouxeram para a literatura a fala do povo e novas criações de efeito estilístico (Guimarães Rosa, por exemplo) que constituem desvios, transgressões às formas aceitas até então na escrita culta formal. O modernismo constituiu uma forma de revolução na linguagem literária, libertando-a para novas experiências.

Portanto, não se deve mais generalizar, como se fazia a respeito dos textos do fim do século XIX, dizendo que a norma culta está na literatura. Atualmente, a norma culta deve distinguir os usos literários dos não literários, ou seja, dos textos informativos.

A norma padrão assegura a unidade linguística do país, uma vez que essa norma se sobrepõe às variedades regionais e individuais, sem eliminá-las. É exigida em determinadas circunstâncias, mas os dialetos regionais e as particularidades estilísticas pessoais têm seu espaço na vida social. A escola deve respeitar as diferenças, democraticamente, oferecendo oportunidade de acesso ao domínio da norma culta, sem o qual a vida profissional pode ficar prejudicada.

Observe, a seguir, um texto expositivo contemporâneo:

> *Em 8 de julho de 1886, apenas sete meses depois da projeção inaugural dos filmes dos irmãos Lumière em Paris, o Rio de Janeiro assiste à primeira sessão de cinema no Brasil. No ano seguinte, Paschoal Segreto e José Roberto Cunha Salles abrem a primeira sala exclusiva de cinema na rua do Ouvidor. É Afonso Segreto quem roda o primeiro filme brasileiro, em 1898, com cenas da baía de Guanabara. Várias salas de exibição são abertas no Rio de Janeiro e em São Paulo no início do século XX. O período de 1908 a 1912 é considerado a* belle époque *do cinema brasileiro. Surge um centro de produção no Rio, e, com ele, histórias policiais, comédias e filmes com atores interpretando a voz atrás da tela. Nos anos seguintes, a produção cai por causa da concorrência dos filmes norte-americanos.*
>
> Almanaque Abril 2000, p. 294 (com adaptações).

Analise as escolhas feitas pelo redator. Quanto aos aspectos da língua verbal propriamente, você observa que:
• a linguagem procura ser clara e objetiva;
• não há intenção de mostrar um estilo muito elaborado, com figuras de linguagem ou inversões sintáticas;
• as frases são curtas;
• a ordem é predominantemente direta;
• os períodos estão organizados em blocos de ideias bem distintos, que obedecem a uma ordem lógica (cronológica);
• o texto é impessoal, não há manifestação clara da opinião do autor, há uma deliberada neutralidade.

Todas essas características contribuem para acentuar o caráter informativo do texto, a neutralidade com que se tenta convencer o leitor da seriedade e da confiabilidade das informações. Mas, de fato, não há texto totalmente neutro, pois a própria escolha das informações que serão utilizadas e das que serão omitidas já pressupõe uma posição diante da realidade.

4. Gênero e tipo de texto

Vamos imaginar que você queira escrever um texto sobre uma experiência estética que viveu (um bom filme, uma boa música, um bom espetáculo teatral).
Antes de começar a escrever, você tem de decidir se vai
- contar acontecimentos (narrar). Exemplo: *Ontem fui ao teatro e vi a peça...*
- apresentar uma reflexão teórica sobre o fato (dissertar). Exemplo: *Ir ao teatro e viver a experiência estética proporcionada pela peça...*
- convencer o seu leitor de seu ponto de vista (argumentar e persuadir). Exemplo: *É imperdível o espetáculo apresentado pelo grupo de teatro...*

Simultaneamente a essa decisão preliminar, você tem de decidir também que ponto de vista adotar: você quer se colocar de alguma forma no texto? Exemplo: *Eu fui, Nós fomos, Todos nós...*
Ou prefere se distanciar? Exemplo: *Ir ao teatro é uma experiência surpreendente... Quem vai assistir ao espetáculo... tem a oportunidade de...*
Outra decisão correlacionada às anteriores, como já vimos, diz respeito ao nível de linguagem. Você quer um texto mais subjetivo, coloquial, informal e facilitado, ou quer utilizar uma linguagem formal, objetiva, distanciada? Essa decisão vai influir:
- na estrutura da frase, mais simples ou mais complexa;
- na escolha do vocabulário;

- na forma como você se dirige ao leitor, citando-o ou não no texto.

Essas decisões estão relacionadas ao objetivo da comunicação e, portanto, ao gênero de texto que se quer produzir. Sempre que produzimos uma forma qualquer de comunicação, estamos utilizando um dos gêneros disponíveis na nossa cultura. Cada gênero já traz em si escolhas prévias em relação a estruturas básicas de linguagem que são automaticamente utilizadas pelo redator. Nós assimilamos esses formatos porque convivemos com eles nas nossas práticas sociais. Sabemos, quase naturalmente, qual é a forma de uma carta, quais são as maneiras de começar uma ata, as diversas possibilidades de participação em uma conversa, a melhor maneira de contar uma anedota, como narrar um acontecimento...

Ao trabalhar com um determinado gênero, utilizamos tipologia variada de texto. Assim, em um romance encontramos partes dialogadas, expositivas, argumentativas e narrativas, que se sucedem compondo o enredo. Para produzir cada tipo de texto, algumas habilidades de linguagem são necessárias.

Todos os gêneros nos interessam como leitores e como redatores. Entretanto, estamos focalizando neste livro os gêneros que dizem respeito ao domínio da comunicação, no qual são delineadas e discutidas ideias, e são apresentados e transmitidos os saberes. Para transitar nesse domínio, é necessário saber expor, argumentar, persuadir de maneira formal e impessoal.

Observe os quadros nas páginas a seguir, em que estão listados alguns dos gêneros mais conhecidos.

SITUAÇÕES DISCURSIVAS	TIPOLOGIA TEXTUAL PREDOMINANTE	HABILIDADES DE LINGUAGEM DOMINANTES	GÊNEROS ORAIS OU ESCRITOS
LITERATURA POÉTICA	EXPRESSÃO POÉTICA VERSO	Elaboração da linguagem como forma de expressão da interpretação pessoal do mundo	Poesia
LITERATURA FICCIONAL	NARRAÇÃO	Imitação da ação pela criação de enredo, personagens, situações, tempo, cenários, de forma verossímil	conto maravilhoso conto de fadas fábula lenda narrativa de aventura narrativa de ficção científica narrativa de enigma narrativa mítica anedota biografia romanceada romance romance histórico novela fantástica conto paródia adivinha piada
DOCUMENTAÇÃO E MEMORIZAÇÃO DE AÇÕES	RELATO	Representação pelo discurso de experiências vividas, situadas no tempo	relatos de experiências vividas relatos de viagem diário íntimo testemunho autobiografia *curriculum vitae*

			ata notícia reportagem crônica social crônica esportiva história relato histórico perfil biográfico
LEVANTAMENTO E DISCUSSÃO DE PROBLEMAS	ARGUMENTAÇÃO PERSUASIVA	Sustentação, refutação e negociação de tomada de posição	aviso convite sinais de orientação texto publicitário comercial texto publicitário institucional cartazes *slogans* campanhas – *folders* cartilhas – folhetos
DISCUSSÃO DE PROBLEMAS SOCIAIS CONTROVERSOS	ARGUMENTAÇÃO	Sustentação, refutação e negociação de tomada de posição	textos de opinião diálogo argumentativo carta ao leitor carta de reclamação carta de solicitação deliberação informal debate regrado editorial discurso de defesa requerimento ensaio resenha crítica

ESTABELECIMENTO, CONSTRUÇÃO E TRANSMISSÃO DE REALIDADES E SABERES	EXPOSIÇÃO	Apresentação textual de fatos e saberes da realidade	contratos declarações documentos de registro pessoal atestados certidões estatutos regimentos códigos
TRANSMISSÃO E CONSTRUÇÃO DE SABERES	EXPOSIÇÃO	Apresentação textual de diferentes formas dos saberes	texto expositivo conferência artigo enciclopédico entrevista texto explicativo tomada de notas resumos resenhas relatório científico relato de experiências científicas
INSTRUÇÕES E PRESCRIÇÕES	DESCRIÇÃO DE AÇÕES	Orientação de comportamentos	instruções de uso instruções de montagem bula manual de procedimentos receita regulamento – lei regras de jogo placas de orientação

5. Decisões orientadoras

Conforme enfatizamos neste capítulo, antes mesmo de começar a escrever, temos que tomar decisões importantes em relação ao texto que vamos produzir. Essas decisões nos situam em relação aos objetivos do texto, ao seu funcionamento na situação, ao leitor, ao nível de linguagem, ao gênero. Formulamos uma espécie de projeto de texto, com suas diretrizes fundamentais, as quais vão servir de pauta para o desenvolvimento da escrita propriamente dita. Assim, o objetivo nos propõe qual será a função da linguagem preponderante no texto. Se escrevemos sobre nós mesmos, a função será expressiva; se tentamos influenciar nosso leitor, a função será persuasiva; se falamos da própria linguagem, a função será metalinguística; se fazemos arte das palavras, a função será poética; se falamos de alguma coisa, a função será referencial. A partir da função, decidimos se vamos utilizar um registro de linguagem mais formal ou mais coloquial; se vamos utilizar a língua padrão ou se podemos lançar mão de variações; se podemos incorporar elementos próprios da oralidade. O gênero de texto é sugerido pela própria situação de comunicação. Há em nossa cultura um acervo de modelos de texto entre os quais escolhemos o que vamos utilizar em cada contexto comunicativo. E o próprio gênero oferece parâmetros básicos que nos guiam na formulação do texto.

6. Prática de tomada de decisões

a) Prepare-se para se comunicar com a autora deste livro. Embora você possa escolher um bilhete ou um cartão-postal, prefiro que opte por uma mensagem de e-mail. Quando se decide por um *gênero*, imediatamente você já tem alguns parâmetros para a produção. O formato é tradicional: vocativo, introdução etc. Naturalmente, você vai optar pelo português padrão, não é? Afinal, todo o mundo fica constrangido ao escrever para um professor de português. Temos fama de *ca-*

çadores de erros. Mas tente não cair nessa armadilha, pois ela pode conduzir a outros problemas como a linguagem artificial, pedante, ou à hipercorreção, que é o erro pela vontade extrema de acertar. Agora você pode decidir o *registro de linguagem*: formal ou informal? Que *função* prefere dar à mensagem? Quer expressar suas opiniões sobre o livro? Quer fazer algumas perguntas? Quer me convencer de alguma coisa? Quer me passar informações acerca de outros livros da área? Quer falar da dificuldade de produção da própria carta? Ou quer colocar um pouco de cada uma dessas funções no mesmo texto? Escreva o texto e, ao relê-lo, veja se ficou coerente com suas escolhas preliminares. Se você quiser, envie-me a mensagem.

b) Escolha um gênero expositivo e trace um planejamento como se fosse publicar o texto em um periódico que você tem o costume de ler. Produza o texto e envie como colaboração ao periódico.

Capítulo 6
A ordem das ideias

1. A concepção das ideias

Como vimos, antes mesmo de começar a escrever um texto há muitas etapas, e essas tarefas já podem ser consideradas parte integrante da escrita. É preciso conhecer o assunto, ter ideias, posições, e é preciso também tomar decisões a respeito da linguagem e do gênero de texto.

Quando já estamos nessa fase, procuramos dar ordem às nossas ideias. São decisões relativas às informações que serão utilizadas e às posições que assumimos em relação a essas informações.

Cada pessoa constrói sua própria técnica de organização inicial das ideias. Há muitas possibilidades, como vimos no capítulo 2.

Vamos explicar como é o funcionamento de cada um desses processos, simulando as possibilidades de criação de um texto referente à música popular brasileira.

a) Fazer anotações independentes

As ideias surgem sem muita organização. Vão constituindo um conjunto de aproximações um pouco desordenado, à medida que vamos fazendo leituras e reflexões acerca do tema. Surgem em momentos diferentes e devem ser anotadas logo que se formam para não se perderem no esquecimento. De posse de muitas anotações, o redator relê e analisa esses registros, estabelecendo a hierarquia e a combinação entre eles para formar o texto preliminar. Assim pode trabalhar sobre um rascunho em que várias ideias, anotadas em momentos diferentes, foram concatenadas umas às outras em busca de uma ordenação preliminar lógica. Mais uma vez a literatura fornece exemplos. Observe o que conta José Castello a respeito do processo criativo de Clarice Lispector, no período de vida em que foi apoiada pela amiga Olga Borelli:

> Em Água Viva, *Clarice leva sua estética do fragmento ao paroxismo, ao escândalo. Difícil dizer o que lemos – e é impressionante pensar que uma outra pessoa, Olga Borelli, sozinha com sua tesoura, "montou" o caos que Clarice anotou em guardanapos, lenços de papel, jornais, bulas de remédio. Quando Clarice não podia mais ordenar o que escrevia, Olga a escoltava. E, sem se intrometer no que lia, tratava de abrir um caminho, uma direção para a tempestade escoar. [...] Clarice lhe entregou uma pilha de fragmentos, que ela pacientemente dividiu em dezenas de envelopes, e depois foi encaixando-os, como as peças de um puzzle.*
>
> José Castello. Inventário das sombras.
> Rio de Janeiro: Record, 1999, pp. 30-1.

Mesmo quando não se trata de literatura, uma posição a respeito de uma ideia vai se construindo pouco a pouco, a partir de pequenas aproximações e conclusões. A partir dessas pequenas peças, vamos montando blocos de ideias maiores e uma rede entre eles, que vai formar o texto.

Esse percurso, que na vida profissional é mais flexível e largo, num concurso, em que há limite rigoroso de tempo, é reduzido e rápido, mas acontece a partir do momento em que o redator toma conhecimento do tema.

Observe como podem se configurar anotações registradas durante a leitura de diversos textos acerca da música popular brasileira:

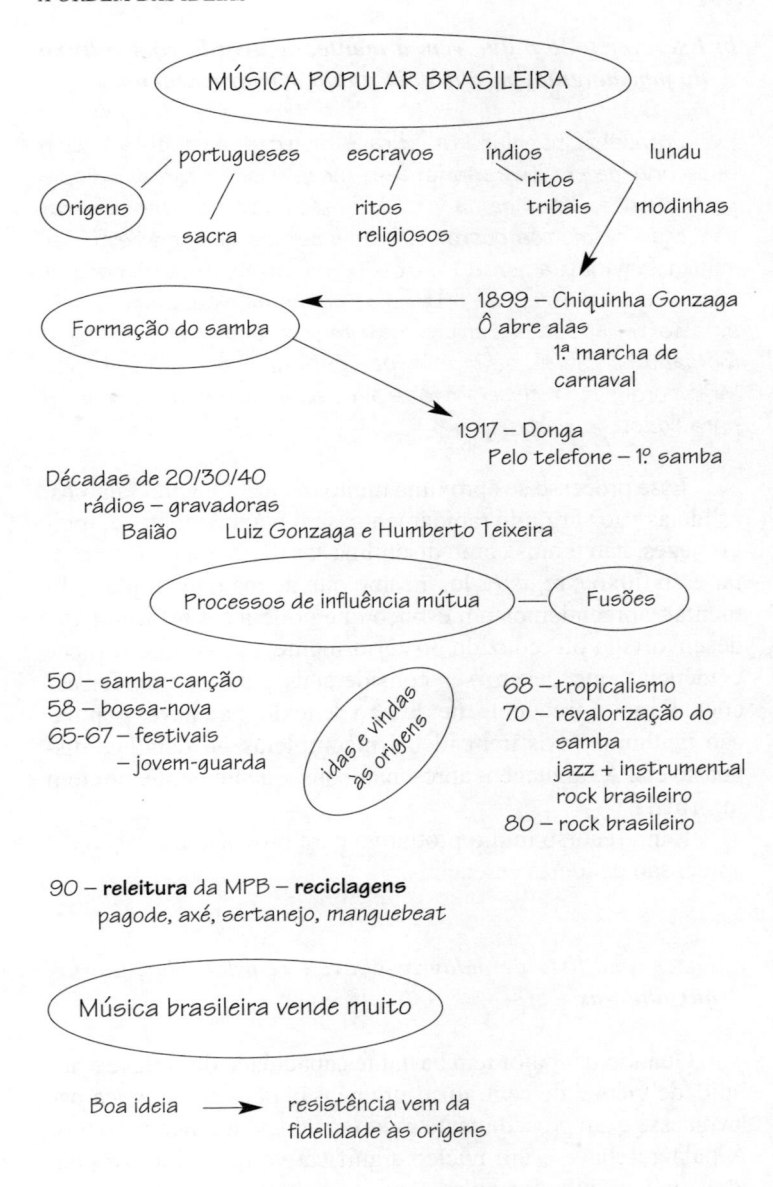

MÚSICA POPULAR BRASILEIRA

Origens:
- portugueses
- sacra
- escravos / ritos religiosos
- índios / ritos tribais
- lundu
- modinhas

Formação do samba

1899 – Chiquinha Gonzaga
Ô abre alas
1ª marcha de carnaval

1917 – Donga
Pelo telefone – 1º samba

Décadas de 20/30/40
rádios – gravadoras
Baião   Luiz Gonzaga e Humberto Teixeira

Processos de influência mútua — Fusões

- 50 – samba-canção
- 58 – bossa-nova
- 65-67 – festivais
  – jovem-guarda

idas e vindas às origens

- 68 – tropicalismo
- 70 – revalorização do samba
  jazz + instrumental
  rock brasileiro
- 80 – rock brasileiro

90 – **releitura** da MPB – **reciclagens**
pagode, axé, sertanejo, manguebeat

Música brasileira vende muito

Boa ideia ⟶ resistência vem da fidelidade às origens

b) **Escrever tudo o que vem à mente, de acordo com o fluxo do pensamento, para depois, então, cortar e ordenar**

> A música popular brasileira é muito rica, diversa e tem suas origens em diversas fontes, que vêm dos negros, índios e portugueses. O samba nasceu da fusão de ritmos das três raças. Mas há muitos outros ritmos e estilos que convivem e se influenciam mutuamente. Hoje os jovens retomam os ritmos primitivos e revalorizam as origens de nossa música. Embora haja uma forte indústria cultural estrangeira que quer dominar o mercado no Brasil, os brasileiros continuam preferindo nossa MPB porque ela reflete a nossa alma e é muito rica. Há música para todos os gostos.

Esse processo se aproxima muito da fala. Quando falamos, as ideias vão surgindo rapidamente, sem planejamento, e, muitas vezes, não temos como discipliná-las. Se conseguimos captar esse fluxo e registrá-lo, mesmo que de maneira ainda rudimentar, aprendemos um esboço que poderá ser reformulado, desenvolvido ou reduzido posteriormente. A releitura fornece evidências que devem ser consideradas para as transformações. É muito frequente, nesse tipo de texto, não haver pontuação nenhuma, existirem ideias incompletas ou detalhes dispensáveis. A linguagem apresenta, consequentemente, um tom informal.

É um recurso muito produtivo para provocar a criação e a apreensão de ideias essenciais.

c) **Fazer uma lista de palavras-chave e reordená-las, hierarquizando-as**

Quando o redator tem bastante capacidade de síntese e habilidade mental de centralizar um pensamento numa única palavra, esse é um procedimento muito rápido para captar as ideias. A palavra-chave é um núcleo significativo que sintetiza uma ideia maior, ainda formulada apenas na mente do redator.

Observe o registro preliminar de palavras-chave acerca da música popular brasileira:

```
ORIGEM – 3 ETNIAS
FUSÃO
SAMBA
NOVOS ESTILOS
ALMA BRASILEIRA
RESISTÊNCIA
PREFERÊNCIA DA JUVENTUDE
```

***d)* Construir um parágrafo para desbloquear e, depois, desenvolver as ideias ali expostas**

Muitas pessoas têm dificuldade até começar a escrever. Enquanto estão trabalhando apenas mentalmente ainda se sentem inseguras e não conseguem avançar muito. Nesse caso, escrever logo um parágrafo para pensar em outras ideias depois de relê-lo é o caminho mais indicado. Mesmo que esse parágrafo seja ainda muito preliminar ou inadequado, o procedimento ajuda a gerar novos pensamentos sobre o assunto.

Veja como se podem gerar novas ideias a partir de um parágrafo:

> A música brasileira é o resultado da **fusão** dos ritmos trazidos pelas três etnias que formaram o nosso povo: índios, negros e portugueses. Os nativos possuíam uma **rica sonoridade** para acompanhar seus ritos tribais. Os africanos trouxeram, com os ritos e cerimônias religiosas, uma musicalidade especial. Os colonizadores brancos tinham na bagagem músicas sacras, marchas oficiais e modinhas.

```
DESENVOLVER A IDEIA DE FUSÃO DA RICA
SONORIDADE DAS TRÊS ETNIAS
```

***e)* Escrever a ideia principal e as secundárias em frases isoladas para depois interligá-las; ou elaborar uma espécie de esquema geral do texto**

Muitas vezes, o esquema inicial vai sendo reformulado durante o desenvolvimento do trabalho e chega a ser completamente transformado. Mas a matriz inicial é que fornece subsídios para esses aperfeiçoamentos. Observe um esquema já estruturado para desenvolvimento de um texto:

A música popular brasileira resiste à dominação cultural

| **ORIGENS 3 ETNIAS** (raízes fortes) | **NEGROS – RITOS RELIGIOSOS** **ÍNDIOS – RITOS TRIBAIS** **BRANCOS – MÚSICA SACRA / MARCHAS / MODINHAS** |

| **FUSÃO DOS RITMOS ORIGINAIS** | lundu, maxixe, modinha |

| **NOVOS ESTILOS** **Fatores favoráveis** | samba (Pelo telefone – Donga) rádios e gravadoras |

| **OUTROS ESTILOS** | enriquecimento e fortalecimento fidelidade às origens alma brasileira |

| **RESISTÊNCIA À DOMINAÇÃO** | gosto popular música estrangeira é secundária jovens preferem música brasileira |

f) Elaborar um resumo das ideias principais e depois acrescentar detalhes, exemplos, ideias secundárias

Um resumo, como já vimos, é um texto denso e bem estruturado. A releitura do resumo indica os pontos que podem servir de alavanca para novos desenvolvimentos, inserções, ampliações, explicações. Analise este resumo e observe como ele tem muitas ideias articuladas entre si, que podem ser ampliadas:

> A música popular brasileira nasce sob o signo da integração de diversas formas e estilos musicais provenientes das três etnias que formam o Brasil: negros, índios e portugueses. Pela fusão e mútua influência entre os vários estilos nasce o samba, em 1917, e se consolida nas primeiras décadas do século.
>
> Embora sofrendo influência constante da produção estrangeira, a música popular brasileira incorpora, recicla, absorve novas contribuições, mas resiste, original e soberana, sempre criativa e viva, voltada para suas raízes.

g) Organizar mentalmente grandes blocos de texto, escrevê-los e reestruturá-los após a releitura

Esse é um procedimento próprio de redatores maduros, que têm muita experiência e conseguem montar o texto na memória. Esse texto, depois de transcrito, passa por pequenas alterações e ajustes ditados pela releitura cuidadosa.

Em todos esses processos, quando se trata de escrever um texto não literário, há procedimentos comuns: geração, seleção, hierarquização e ordenação das ideias. Na seleção, escolhemos o que vamos dizer e o que não vamos dizer. Na hierarquização, decidimos a ênfase a ser dada a cada ideia e a submissão de uma ideia à outra. Na ordenação, estabelecemos como organizar a articulação entre as ideias.

O importante aqui é criar um mapa inicial de sentidos, ou seja, uma matriz semântica, uma rede de relações lógicas entre as ideias do texto. Cada texto determina as articulações que lhe são próprias. Não há um modelo universal que atenda a todas as variações.

No texto dissertativo, expositivo ou argumentativo, de uma maneira geral, começamos a tomar decisões a respeito dessa rede de sentidos com uma noção ampla, ainda não muito delineada, do que queremos apresentar. Vamos especificando e detalhando nosso ponto de vista em relação à ideia preliminar pelo aprofundamento da nossa reflexão. E, também, pelo esclarecimento, para nós mesmos, de nossas posições em relação ao assunto.

Entre todos os procedimentos apresentados, um método bastante produtivo é elaborar da forma mais clara e completa a ideia principal que será desenvolvida no texto. Essa elaboração demanda paciência para que o redator faça várias tentativas e reformulações em busca de maior exatidão para seu pensamento. A partir desse pequeno texto inicial como fio condutor, o desenvolvimento pode seguir as vertentes sugeridas pelo próprio assunto. A elaboração de um esquema prévio pode orientar o redator quanto ao percurso mais adequado.

2. Das anotações para o texto

Para estabelecer a rede e desenvolver a ideia principal, utilizamos diversas formas de combinação e de articulação entre as informações, constituindo assim uma estrutura temática que transcende as frases e períodos, mas que tem sua própria "gramática". Essa trama mais global se constitui a partir de procedimentos lógicos que constituem a sequência e a progressão do texto.

Esses procedimentos relacionam cada parte do texto à parte que a antecede e à que a sucede imediatamente, ou seja, ligam os parágrafos entre si. Além disso, mantêm, simultaneamente, relação de continuidade temática com a ideia principal e com a conclusão do texto. Todas as ideias e informações colocadas em um texto se justificam em vista dessas relações, pois nada é casual.

Para que as ligações se realizem de forma adequada e correta nas frases e períodos construídos no texto, tornando-o coeso, os recursos sintáticos da gramática da língua são imprescindíveis (como veremos no capítulo 7). Todas as escolhas dependem da intenção do autor, da ideia que forma de seu leitor, da situação e de muitos outros fatores que ultrapassam os limites do papel.

Vamos observar um texto produzido a partir das ideias registradas nos exemplos das páginas anteriores:

Título: resumo da ideia principal
O caráter de resistência da música popular brasileira

Ideia principal – origem – resistência
A música popular brasileira nasceu sob o signo da miscigenação. Três etnias contribuíram com seus ritmos para que chegássemos a constituir o talento que hoje encanta o mundo em termos de musicalidade. O índio forneceu seu ritmo de ritos tribais, o negro trouxe a sonoridade de seus ritos religiosos e o branco português, a melodia de sua música sacra, de suas marchas oficiais e de suas modinhas populares. Sobre essa matriz rítmica multirracial, foram sendo criados novos estilos que configuram uma forte identidade musical brasileira, resistente à invasão e à dominação estrangeira.

Desenvolvimento da ideia de novos estilos – detalhamento, exemplificação. Introdução da ideia de consolidação.
Nessa base estão o lundu, o maxixe, a modinha, as marchinhas de carnaval, o chorinho, que ofereceram um terreno fértil onde nasceu o samba. A certidão de idade oficial dessa criação tipicamente brasileira é Pelo Telefone, *de Donga, em 1917. No processo de consolidação do samba houve influência mútua de outros ritmos e o favorecimento do progresso técnico, pois é a era do rádio, das gravadoras e da profissionalização dos músicos, compositores e intérpretes.*

Oposição à ideia de ritmo único – ampliação da ideia de novos estilos e manutenção da ideia de consolidação das raízes, introdução da ideia de gosto popular.
Entretanto, a música nacional não se reduz ao samba, mas se multiplica em inúmeras vertentes. Baião, samba-canção, bossa-

> *-nova, tropicalismo, jovem guarda, pagode, axé, sertanejo,* rap *e* manguebeat *se sucedem e convivem, num enriquecimento e fortalecimento da base, que é sempre uma revalorização das raízes brasileiras. Os diversos processos de fusão e reciclagem das nossas origens musicais tecem uma trama de ritmos e harmonias que reflete a alma do povo e por isso tem sua adesão incondicional.*
> **Conclusão: a força que sustenta a resistência cultural vem dos alicerces, da riqueza e da afinidade com o povo.**
> *Dessa identidade entre a produção musical e o gosto popular, dessa sintonia extremamente afinada e bem construída, nasce uma força indestrutível que representa uma resistência à invasão e à dominação que outras culturas tentam impor por meio de suas avançadas indústrias culturais. A música estrangeira nunca deixou de ser um acessório secundário no nosso universo cultural. E a adesão das novas gerações ao que é genuinamente nacional, em suas múltiplas configurações, comprova que os alicerces da música brasileira estão plantados em raízes inabaláveis.*

A ideia principal está no título e percorre todos os parágrafos de diversas maneiras. No parágrafo de apresentação, observamos a frase núcleo do texto:

> *Sobre uma matriz rítmica multirracial foram sendo criados novos estilos que configuram uma forte identidade musical brasileira, resistente à invasão e à dominação estrangeira.*

O segundo parágrafo está ligado ao primeiro pelos processos de expansão, detalhamento e exemplificação do que foi anunciado no primeiro. O *novo estilo* por excelência é o *samba*.

O terceiro se opõe à inferência possível de que só o samba é importante, introduz a noção de diversidade e reforça a ideia de fidelidade às raízes e de reflexo da alma popular.

O parágrafo conclusivo retoma a ideia de que a força e a resistência à dominação vêm da sintonia com a alma popular e da fidelidade às raízes.

Como vimos, há certa carga de redundância, ou seja, de repetição da mesma ideia, necessária para que se mantenha a unidade temática.

3. A organização das ideias

Vamos analisar mais detalhadamente algumas dessas formas de articulação entre as ideias. Em geral, mas não obrigatoriamente, são estratégias de delimitação e construção de parágrafos. Mas não devemos nos restringir a essa noção, pois servem para unir ideias dentro de um mesmo parágrafo, e existem em textos que não apresentam parágrafos, como os resumos.

Embora apresentem uma característica predominante, essas articulações não surgem de maneira exclusiva, mas se combinam e podem ser encaixadas em várias classificações simultaneamente, de acordo com o objetivo do trecho.

a) Apresentação

Em períodos introdutórios, apresentamos uma ideia principal por meio de recursos, entre outros, como:

• *Afirmação, declaração ou asserção*

Nas dissertações, trabalhamos com a apresentação de "verdades" que são defendidas (texto argumentativo) ou apenas expostas (texto expositivo). Assim, o período afirmativo é muito frequente, pois ele já traz em si as vertentes que devem ser ampliadas no desenvolvimento do texto.

Observe estes dois exemplos de apresentação da ideia principal por meio de períodos afirmativos:

A música popular brasileira resiste permanentemente à invasão e à dominação de ritmos estrangeiros que a indústria cultural dos países mais desenvolvidos tenta impor.

> *A filosofia trabalha com enunciados precisos e rigorosos, busca encadeamentos lógicos entre enunciados, opera com conceitos ou ideias obtidos por procedimentos de demonstração e prova, exige a fundamentação racional do que é enunciado e pensado.*
>
> Marilena Chaui. *Convite à Filosofia*.
> São Paulo: Ed. Ática, 8ª ed., 1997, p. 15.

• *Negação*

O recurso de apresentar uma ideia negando outra trabalha com o pressuposto de que há uma ideia oposta já conhecida. Ou seja, parte do princípio de que o leitor pode estar pensando de maneira equivocada. Pretende-se, então, negar essa possibilidade logo de início.

Observe o exemplo em que a autora inicia o texto negando a validade do senso comum em relação à Filosofia:

> *As indagações fundamentais não se realizam ao acaso, segundo preferências e opiniões de cada um de nós. A filosofia não é um "eu acho que" ou um "eu gosto de". Não é pesquisa de opinião à maneira dos meios de comunicação de massa. Não é pesquisa de mercado para conhecer preferências dos consumidores e montar uma propaganda. As indagações filosóficas se realizam de modo sistemático.*
>
> Marilena Chaui. Idem, p. 15.

• *Definição ou conceito*

Conceito é a representação de um objeto pelo pensamento, por meio de suas características gerais. É a ação de formular um esclarecimento e, por isso, a estrutura com o verbo *ser* (X é YYY) é a mais frequente nesse caso. Quando é uma posição subjetiva, pode-se apresentar como noção paticular, concepção pessoal, apreciação, julgamento, avaliação, opinião.

Aqui temos um exemplo de conceituação objetiva, em que a posição do redator não sobressai:

> A intuição é uma compreensão global e instantânea de uma verdade, de um objeto, de um fato. Nela, de uma só vez, a razão capta todas as relações que constituem a realidade e a verdade da coisa intuída. É um ato intelectual de discernimento e compreensão.
>
> Marilena Chaui. Idem, p. 63.

Uma definição subjetiva apresenta outras formulações, como:
Acredito que a intuição é...; Penso que a intuição é...; Segundo meu ponto de vista...; Minha concepção de intuição é ...; Eu acho que...
Entretanto, essas formas não são bem aceitas em textos objetivos, acadêmicos ou científicos.

• **Explicitação do objetivo do texto**

Nos trabalhos científicos e acadêmicos, é costume iniciar o texto pelo objetivo da pesquisa, assim como nos prefácios e introduções de livros é comum um esclarecimento sobre as intenções, os propósitos e os limites da obra.

Frases que orientam o leitor e indicam o objetivo são frequentemente utilizadas, tais como: *o que desejamos neste trabalho; o objetivo desta investigação; pretendemos demonstrar; procuramos comprovar; estamos tentando provar...*

Observe o exemplo:

> *Este trabalho propõe-se a refletir sobre a produção feminina sul-rio-grandense, resgatada dentro de uma investigação mais ampla sobre a vida literária do Rio Grande do Sul de 1870 a 1930, a partir do levantamento de informações sobre as instituições atuantes e seu papel na produção e na difusão da literatura na sociedade.*
>
> Vera Teixeira Aguiar. Resumos do Simpósio 500 anos de descobertas literárias. Universidade de Brasília. Departamento de Teoria Literária e Literaturas, 1999.

• *Julgamento ou avaliação*

Quando uma apresentação pressupõe uma análise prévia, um conhecimento específico ou uma avaliação anterior, as afirmações envolvem julgamentos e tomada de posição acerca do objeto.

Veja, no exemplo a seguir, a apresentação de um livro estruturada por meio de um juízo positivo de valor:

> *Os capítulos que compõem este "20 Textos que fizeram História" refletem a vida recente do país e, ao mesmo tempo, testemunham as virtudes e os percalços do jornalismo praticado pela Folha. Da relativa ingenuidade dos textos que compõem a cobertura do incêndio no edifício Joelma, em São Paulo, ao tom vigilante das coberturas sobre o mau uso do dinheiro público, passando pelo engajamento na defesa das eleições diretas, em 1984, o que se abre ao leitor é um jornal em permanente movimento, decidido a exercer sua função crítica e a informar seus leitores acima de qualquer obstáculo.*
>
> Folha de S.Paulo. *20 textos que fizeram História.* São Paulo, 1991, p. 7.

• *Comentário de uma citação ou de um fato*

Assim como no item anterior, esse comentário pressupõe uma posição do redator em relação ao que vai apresentar. Essa posição pode ser definida por meio de figuras de linguagem como a comparação, a personificação, a metáfora. Pode também trazer descrições ilustrativas e outros recursos de ênfase e valorização dos aspectos que merecem a atenção do leitor.

Observe o exemplo a seguir, em que a narração descritiva da queda do muro de Berlim é formulada com base na adjetivação e nas comparações, focalizando as impressões do redator:

> O cenário parecia extraído de algum livro maluco de ficção: jovens armados de pás e picaretas arremetiam, furiosos, contra o muro de cimento, em Berlim, estimulados por gritos, às vezes histéricos, de dezenas de milhares de pessoas. Toda vez que uma laje do muro caía, o feito era comemorado como se se tratasse de um ritual bárbaro de luta e conquista.
>
> <div align="right">Folha de S.Paulo. <i>20 textos que fizeram História</i>.
São Paulo, 1991, p. 7.</div>

• *Interrogação*

Construir uma pergunta de efeito retórico, que não é para ser efetivamente respondida pelo leitor, é uma das formas mais simples de apresentação de uma ideia. Quem pergunta promete a resposta. O desenvolvimento do texto será, então, a resposta à questão formulada. Essa resposta exige ampliações, explicações, detalhes, que podem ocupar o parágrafo, o capítulo ou o livro todo.
Veja um exemplo:

> Muitos fazem esta pergunta: afinal, para que Filosofia? É uma pergunta interessante. Não ouvimos ninguém perguntar: para que matemática ou física?
>
> <div align="right">Marilena Chaui. <i>Convite à Filosofia</i>. São Paulo:
Ed. Ática, 8.ª ed.,1997, p. 13.</div>

b) Ampliação e explicação

Tanto a ideia principal, em geral apresentada no início do texto, como as secundárias passam por processos de expansão que envolvem detalhamento e aprofundamento. Esse recurso se constitui como:

• Esclarecimento do significado das expressões, palavras ou conceitos utilizados. Expressões como *isto é, ou seja, o que quer dizer, essa expressão significa* aparecem com frequência nessas situações. Há, então, uma expansão de elementos já apresentados no texto, como nos exemplos:

> *A palavra método vem do grego, **methodos**, composta de **meta**: através de, por meio de, e de **hodos**: via, caminho. Usar um método é seguir regular e ordenadamente um caminho através do qual uma certa finalidade ou um certo objetivo é alcançado.*
>
> Marilena Chaui. Idem, p. 157.

> *Quando se diz que a filosofia é um fato grego, **o que se quer dizer é que** ela possui certas características, apresenta certas formas de pensar e de exprimir os pensamentos, estabelece certas concepções sobre o que sejam a realidade, o pensamento, a ação, as técnicas, que são completamente diferentes das características desenvolvidas por outros povos e por outras culturas.*
>
> Marilena Chaui. Idem, p. 20.

• Enumeração de fatores constitutivos ou acumulação de elementos que complementam a ideia inicial.

Observe um exemplo em que a enumeração é assinalada por números:

> *No caso do conhecimento, método é o caminho ordenado que o pensamento segue por meio de um conjunto de regras e procedimentos racionais, com três finalidades: 1. conduzir à descoberta de uma verdade até então desconhecida; 2. permitir a demonstração e a prova de uma verdade já conhecida; 3. permitir a verificação de conhecimentos para averiguar se são ou não verdadeiros.*
>
> Marilena Chaui. Idem, p. 157.

Nem sempre recursos de numeração, ou outros que indiquem a divisão (como a, b, c ou sinais de itens), são necessários:

> Os estudos recentes mostraram que **mitos, cultos religiosos, instrumentos musicais, dança, música, poesia, utensílios domésticos e de trabalho, formas de habitação, formas de parentesco e formas de organização tribal dos gregos** foram resultado de contatos profundos com as culturas mais avançadas do oriente e com a herança deixada pelas culturas que antecederam a grega, nas regiões onde ela se implantou.
>
> Marilena Chaui. Idem, p. 27.

- Algumas expressões indicam de forma explícita que há uma inserção de exemplo: *para exemplificar podemos observar*; *por exemplo*; *para comprovar o que foi dito*; *exemplo disso é*; *como exemplo pode-se observar*; *assim é o que ocorre no caso em que...*

A exemplificação é um recurso muito útil tanto nos textos didáticos como nos textos argumentativos, nos quais os dados, as estatísticas, os testemunhos, as evidências vêm reforçar a ideia que é defendida pelo autor. Os exemplos podem tornar o texto menos abstrato e facilitar a compreensão do leitor, como no seguinte fragmento:

> *Um exemplo de luta social para interferir nas decisões sobre as pesquisas e seus usos encontra-se nos movimentos ecológicos e em muitos movimentos sociais ligados a reivindicações de direitos.*
>
> Marilena Chaui. Idem, p. 286.

- Um texto não existe sozinho. Ele traz o eco de vários outros textos com os quais se relaciona e que constituem um contexto amplo em que se situa. Como já vimos anteriormente, há citações implícitas, que um leitor experiente reconhece, mesmo sem marcas evidentes. Há alusões, que são citações apenas sugeridas, e há citações explícitas. Nestas, a voz do outro pode vir entre aspas, repetindo fielmente as palavras do texto original, e pode vir em forma de paráfrase das palavras do autor citado. Há expressões que indicam claramente inserção de citações: *segundo o especialista X; de acordo com o que afirma X; X já afirmou que; conforme X, em sua obra Y; para X, a questão é...*

Se faço uma paráfrase, as aspas são dispensadas:

> **Segundo** Marilena Chaui, a filosofia é uma importante forma de conhecimento do mundo.

Se uso as próprias palavras do autor citado, tenho que marcá-las com aspas a partir do ponto em que começo a transcrição:

> **De acordo com** Marilena Chaui (1997, p. 20), a Filosofia pode ser "entendida como aspiração ao conhecimento racional, lógico e sistemático da realidade natural e humana, da origem e das causas do mundo e das suas transformações, da origem e das causas das ações humanas e do próprio pensamento".

Ao inserir voz, declaração, opinião ou testemunho de outra pessoa, usamos verbos especiais, que são chamados *dicendi*. Tanto no discurso direto (que transcreve literalmente as palavras do outro após um travessão) como no discurso indireto (em que a fala do outro está parafraseada pelo redator sem travessão), esses verbos são utilizados com frequência. Podem agregar algum significado adicional ao simples ato de *dizer*, impregnando-o de interpretação. Observe alguns desses verbos e analise o sentido que acrescentam à ideia de dizer:
falar, ordenar, referir, asseverar, perguntar, afirmar, declarar, esclarecer, testemunhar, explicar, enunciar, concluir, registrar, informar, discorrer, acentuar, ponderar, expressar, discursar, indicar, proferir, exclamar, narrar, descrever, preceituar, declamar, bradar, pronunciar, aconselhar, comprovar, corrobo-

rar, ratificar, confirmar, demonstrar, refutar, argumentar, justificar, expor, mencionar, denunciar, citar, considerar, alegar, comunicar, negar, contestar, contradizer, replicar, discutir, questionar... A escolha de um desses verbos indica um comentário ao ato de falar do outro. Se prefiro o verbo *ponderar* ao verbo *dizer*, por exemplo, já estou informando que a posição de quem fala é de reflexão.

• Uma ideia pode ser ampliada, aprofundada ou esclarecida por meio de histórias que lhe sirvam de ilustração. Dependendo do tipo de texto, as histórias podem ser cômicas, engraçadas, pitorescas, históricas, heroicas... A escolha vai depender das intenções do autor e do tipo de texto.

Observe o exemplo de narração ilustrativa a seguir:

> *Consta que, em certa ocasião, Bachelard interrompeu um jornalista que o entrevistava dizendo-lhe: "Parece que você vive num apartamento e não numa casa". "O que o senhor quer dizer com isso?", perguntou o entrevistador. A resposta de Bachelard foi: "A diferença entre uma casa e um apartamento é que, na primeira, além da zona habitável, há uma adega (para onde descemos) e um sótão (para onde subimos). Quer dizer: não podemos viver limitados apenas ao nível do código restrito da ciência. Questões como* **o que é o amor?** *e* **o que é a amizade?** *são muito importantes. Por isso, ser* **humano** *por vezes significa subir ao* **sótão**, *vale dizer, viver uma busca das significações da existência através dos símbolos filosóficos, poéticos, artísticos, religiosos etc. E descer à* **adega** *por vezes significa olhar o que se passa nos subterrâneos e nos fundamentos psicológicos ou sociais de nossa existência a fim de aí discernir nossos condicionamentos, aquilo que nos esmaga ou nos liberta. Aos que jamais sobem ao* **sótão** *ou descem à* **adega** *falta uma dimensão humana relevante. Mas os que só vivem ou no* **sótão** *ou na* **adega** *são pouco equilibrados".*
>
> Hilton Jupiassu. Um desafio à Educação. São Paulo: Letras e Letras, 1999, p. 266. (adaptado)

Utilizar narrações ilustrativas interessantes depende de muita informação, experiência e leitura. Mais um motivo para procurar um bom convívio com textos de diversas naturezas.

c) Divisão

A divisão de uma ideia em subtópicos abre novas vertentes de desenvolvimento do raciocínio. Geralmente, na divisão, utilizamos uma enumeração para antecipar as linhas em que o assunto vai se desenvolver. Cada aspecto exige desdobramentos e explanações que representam progressão das informações.

Como já foi dito, há expressões que, combinadas entre si, indicam divisão de ideias, facilitam a organização do texto e a compreensão do leitor: *em primeiro lugar... em segundo... por último...; primeiramente... depois... em seguida... finalmente...; o primeiro aspecto é... um outro aspecto é....; por um lado... por outro lado.*

Observe um exemplo em que o texto está organizado pela divisão da ideia:

> *Uma escola alemã de Filosofia, a escola de Frankfurt, elaborou uma concepção conhecida como Teoria Crítica, na qual distingue duas formas da razão: a razão instrumental e a razão crítica.*
>
> *A razão instrumental é a razão técnico-científica, que faz das ciências e das técnicas não um meio de libertação dos seres humanos, mas um meio de intimidação, medo, terror e desespero. Ao contrário, a razão crítica é aquela que analisa e interpreta os limites e os perigos do pensamento instrumental e afirma que as mudanças sociais, políticas e culturais só se realizarão verdadeiramente se tiverem como finalidade a emancipação do gênero humano e não as ideias de controle e domínio técnico-científico sobre a natureza, a sociedade e a cultura.*
>
> Marilena Chaui. Idem, p. 50.

d) Oposição

Muitas vezes, a ideia ou informação deve ser apresentada e discutida em confronto com outra posição ou forma de pensamento. Quando é esse o caso, normalmente o texto estabelece duas (ou mais) linhas de desenvolvimento paralelas que ora se opõem, ora se explicam, ora convergem, focalizando diferenças. Além do exemplo do item anterior, que no segundo parágrafo apresenta uma oposição, observe o texto a seguir:

> *A diferença entre os sofistas, de um lado, e Sócrates e Platão, de outro, é dada pelo fato de que os sofistas aceitam a validade das opiniões e das percepções sensoriais e trabalham com elas para produzir argumentos de persuasão, enquanto Sócrates e Platão consideram as opiniões e as percepções sensoriais, ou imagens das coisas, como fonte de erro, mentira e falsidade, formas imperfeitas do conhecimento que nunca alcançam a verdade plena da realidade.*
>
> Marilena Chaui. Idem, p. 40.

e) Comparação ou analogia

Como no caso anterior, duas ou mais ideias são apresentadas, mas agora a posição é de equilíbrio, e não de oposição, sendo focalizadas as semelhanças, as igualdades.

Observe no exemplo a seguir como o desdobramento da ideia sugere duas linhas informativas para desenvolvimento do texto, uma acerca de Clarice Lispector e outra acerca de Guimarães Rosa:

> *As experiências radicais tanto de Clarice Lispector como de Guimarães Rosa forçam os limites do gênero romance e tocam a poesia e a tragédia. O herói procura ultrapassar o conflito que o constitui existencialmente pela transmutação mítica ou metafísica da realidade.*
>
> Alfredo Bosi. *História Concisa da Literatura Brasileira.*
> São Paulo: Cultrix, 1989, p. 442. (adaptado)

f) Situação no tempo e no espaço

Algumas informações são colocadas no texto com o objetivo de contextualizar de forma explícita as ideias, os fatos e os fenômenos. Têm relação com a cronologia e com o lugar. No exemplo a seguir, as informações esclarecem o ambiente em que floresce a democracia, que é a ideia a ser desenvolvida posteriormente no texto:

> Com o desenvolvimento das cidades, do comércio, do artesanato e das artes militares, Atenas tornou-se o centro da vida social e política e cultural da Grécia, vivendo seu período de esplendor conhecido como o Século de Péricles. É a época de maior florescimento da democracia.
>
> Marilena Chaui. Idem, p. 36.

g) Conclusão

Em textos dissertativos, é importante assinalar claramente para o leitor que as ideias são conclusivas. Por isso, é frequente o uso de palavras e expressões que indicam resumo de ideias anteriores, encerramento de um raciocínio, conclusão parcial ou final, tais como: *em vista disso podemos concluir*; *diante do que foi dito*; *diante desse quadro*; *concluindo*; *em suma*; *em outras palavras*; *portanto*; *assim...*

Observe os exemplos:

> *Em outras palavras*, Filosofia é um modo de pensar e exprimir os pensamentos que surgiu especificamente com os gregos e que, por razões históricas e políticas, tornou-se, depois, o modo de pensar e de se exprimir predominante da chamada cultura europeia ocidental da qual, em decorrência da colonização portuguesa do Brasil, nós também participamos.
>
> Marilena Chaui. Idem, p. 21.

> **Em suma**, *a filosofia surge quando se descobriu que a verdade do mundo e dos humanos não era algo secreto e misterioso, que precisasse ser revelado por divindades a alguns escolhidos, mas que, ao contrário, podia ser conhecida por todos; quando se descobriu que tal conhecimento depende do uso correto da razão ou do pensamento e que, além da verdade poder ser conhecida por todos, podia, pelo mesmo motivo, ser ensinada ou transmitida a todos.*
>
> Marilena Chaui. Idem, p. 23.

h) Organização textual

Os parágrafos organizadores explicam como o texto está estruturado. Esclarecem objetivos, antecipam ideias de forma resumida, concluem pensamentos, resumindo o que já foi dito. Citam o próprio texto, seus capítulos e subdivisões, articulando as ideias entre si. São expressões e parágrafos que conduzem e facilitam os procedimentos e a interpretação do leitor, situando-o melhor em relação à estrutura textual.

Observe o exemplo a seguir:

> *No capítulo anterior vimos que a língua grega possuía duas palavras para referir-se à linguagem: mythos e logos. Vimos também, tanto no estudo da linguagem quanto no da inteligência, que falar e pensar são inseparáveis. Por isso mesmo, podemos referir--nos a duas modalidades do pensamento, conforme predomine o mythos ou o logos.*
>
> Marilena Chaui. Idem, p. 160.

4. Da concepção à organização das ideias

De acordo com o que apresentamos, há muitas possibilidades de captação, registro e organização inicial das ideias. Para gerar, selecionar e hierarquizar as ideias, você pode: fazer anotações independentes à medida que as ideias forem surgindo; escrever tudo o que vem à mente; listar palavras-chave; construir logo um primeiro parágrafo; partir de uma ideia principal e elaborar um esquema; partir de um pequeno resumo ou escrever blocos de texto independentes. Qualquer uma dessas técnicas, e ainda outras que você pode criar, pode funcionar como o início da escrita propriamente dita. Depende de cada indivíduo e de seu processo de atividade intelectual. Ao hierarquizar as ideias de um texto, observamos que elas apresentam características e funções distintas: apresentação; ampliação ou explicação; divisão; oposição; comparação ou analogia; situação no tempo ou no espaço; conclusão; organização textual; entre outras que não foram relacionadas aqui neste livro.

Quando o redator tem clareza sobre essas especificidades de cada trecho do texto, as possibilidades de construção tornam-se mais nítidas e o trabalho alcança um melhor resultado.

5. Prática de organização

a) Escrever um artigo opinativo acerca do tema que está em maior evidência hoje para oferecer ao jornal de sua cidade como colaboração. Em geral, por motivo de economia de espaço nos jornais, esses artigos têm aproximadamente duas páginas de 30 linhas. Leia alguns artigos que tratem do tema. Faça anotações. Depois de escrever, reler e reescrever até se sentir satisfeito com o resultado, analise as partes do texto e identifique as formas de organização que utilizou.

b) Escolha outro tema e faça outro percurso. Leia alguns artigos que tratem do tema. Faça anotações ou um esquema. Estabeleça, primeiramente, a partir das suas anotações, a natureza de relação entre as ideias de cada trecho. Desenvolva o texto acompanhando esse roteiro e o esquema das ideias.

c) Sempre que estiver lendo um texto, para o estudo ou o trabalho, procure identificar, em cada trecho, qual a natureza da relação entre as ideias.

Capítulo 7
O entrelaçamento das ideias

1. O tecido aparente do texto

Como vimos nos capítulos anteriores, um texto não é uma simples justaposição de frases corretas, uma após a outra. Exige um entrelaçamento rigoroso das ideias que estão sendo expostas para que o leitor não se perca e consiga interpretá-lo corretamente.

Ao escrever, nossa preocupação inicial é captar as ideias e ordená-las com uma determinada hierarquia, de modo que as principais sejam enfatizadas. Qual é nossa ideia central? Como podemos defendê-la? Quais exemplos são mais interessantes? Quem devemos citar? Quais palavras escolher? Como devemos nos dirigir ao leitor? Em que medida devemos explicitar todas as ideias ou deixá-las implícitas? São questões que respondemos inicialmente, ao escrever as primeiras versões de um texto.

Após essa etapa, voltamo-nos para a sua superfície e procuramos refazê-lo, revisando várias vezes a linguagem e as estruturas gramaticais propriamente ditas. Vamos cuidar, então, de assegurar a compreensão exata daquilo que estamos escrevendo. A preocupação já não é apenas com nossas próprias ideias, mas principalmente com a maneira como essas ideias serão apreendidas pelo leitor, que está distante de nós, e para o qual não teremos chance de explicar melhor ou retificar oralmente algum item mal expresso.

Assim, é muito importante que a *coesão textual* esteja bem tecida, para que o leitor acompanhe a sequência, reconheça a progressão das informações e identifique as referências no texto.

2. Mecanismos de coesão textual

Pode-se construir a *coesão* do texto por meio de vários recursos. A manutenção do tema é um desses recursos, mas não é suficiente em textos dissertativos. A ordem das palavras no período, as marcas de gênero e de número, as preposições, os pronomes pessoais, os tempos verbais, os conectivos funcionam também como elos coesivos. Cada um desses elementos gramaticais estabelece conexões, articulações, ligações, concatenando as ideias. Ou seja, a estrutura gramatical das frases trata de criar coesão entre os constituintes de um texto. Um exemplo disso é a concordância. Sempre que respeitamos a concordância, estamos reforçando a coesão. Observe o texto a seguir:

> De qualquer forma, o conhecimento ou saber científico distingue-se dos demais tipos: **o popular, o filosófico e o religioso**.
> Em sua essência, o conhecimento científico é **real, racional, objetivo, transcendente aos fatos, analítico, claro, preciso, comunicável, verificável, dependente de investigação metódica, sistemático, acumulativo, falível, geral, explicativo, preditivo, aberto e útil**.
>
> João Salvador Furtado. Expansão da informação científica. In:
> *Anais do Seminário de Publicações Periódicas da Área da Educação*. Brasília, INEP, MEC, 1983.

Na segunda linha, os três elementos citados concordam com *tipo de conhecimento* e por isso estão no masculino. Nas linhas grifadas, a partir da terceira, todas as palavras estão sendo utilizadas em concordância com *conhecimento científico*, portanto, estão no masculino singular.

Além dessas formas gramaticais sistemáticas de ligação entre palavras, existem quatro outras estratégias de coesão, que dependem das escolhas estilísticas do redator:

O ENTRELAÇAMENTO DAS IDEIAS

- referencial
- lexical
- por elipse
- por substituição

Vejamos como funcionam essas formas de entrelaçamento dos elementos que constituem um texto.

a) Coesão referencial

Na elaboração de um texto, a coesão referencial se realiza pela citação de elementos do próprio texto. Para efetivar essas citações, são utilizados pronomes pessoais, possessivos, demonstrativos ou expressões adverbiais que indicam localização (*a seguir, acima, abaixo, anteriormente, aqui, onde*). Esses recursos podem se referir, por antecipação, a elementos que serão citados na sequência do texto. Podem, ainda, se referir a elementos já citados no texto ou que são facilmente identificáveis pelo leitor, como no exemplo:

A explosão da informação *é uma das causas do* estresse *do homem moderno*. Ela *pode provocar diversas formas de ansiedade.*

b) Coesão lexical

A manutenção da unidade temática de um texto exige uma certa carga de redundância. Assim, estabelecemos uma corrente de significados retomando as mesmas ideias e partes de ideias. Essa corrente é formada pela reutilização intencional de palavras, pelo uso de sinônimos, ou ainda pelo emprego de expressões equivalentes para substituir elementos que já são conhecidos do leitor, como no seguinte exemplo:

O Doutor Fulano de Tal falou ao nosso repórter no intervalo do congresso. O cientista entrevistado reconhece que a partir do

> *emprego dos conhecimentos científicos foi possível racionalizar os sistemas de produção. Agora esse estudioso quer contribuir para a democratização do saber.*

c) Coesão por elipse

A estrutura gramatical dos períodos na língua portuguesa permite a omissão de elementos facilmente identificáveis ou que já foram citados anteriormente. Algumas vezes, essa omissão é marcada por uma vírgula. Pronomes, verbos, nomes e frases inteiras podem estar implícitos. Esse recurso tem o nome de elipse. Veja um exemplo de omissão de sujeito da oração:

> ***A metodologia científica*** *é um conjunto de atividades sistematizadas, racionais, que, com segurança e economia, permite que os objetivos sejam atingidos.* ***Implica*** *a concepção das ideias quanto à delimitação do problema dentro do assunto, identificação de instrumentos, busca de soluções, análise, comprovação, proposição de uma teoria.*

No texto acima, o sujeito do verbo *implica* é *a metodologia científica*. Não precisa ser explicitado, pois é facilmente identificado pelo leitor.

d) Coesão por substituição

Podem-se substituir substantivos, verbos, períodos ou largas parcelas de texto por conectivos ou expressões que resumem e retomam o que já foi dito.

Alguns exemplos de expressões que servem a esse objetivo são: *Diante do que foi exposto*; *A partir dessas considerações*; *Diante desse quadro*; *Em vista disso*; *Tudo o que foi dito*; *Esse quadro*...

3. Problemas decorrentes da ausência de coesão

Quando os mecanismos de *coesão textual* não são bem utilizados, seja dentro do período, seja entre os períodos ou parágrafos, o texto fica prejudicado. As consequências podem ser: ausência de ênfase nas ideias principais; indefinição das relações entre as ideias; falta de hierarquia entre ideias principais e secundárias; truncamentos semânticos; ambiguidade, confusão e obscuridade nas referências; estilo infantil ou elementar; entre outras.

A ausência de coesão é um dos principais problemas da construção de textos, pois revela desordem nas ideias e dificulta a compreensão do leitor. Vejamos um texto de aluno de Ensino Médio, em que os problemas de ausência de estabelecimento da coesão estão bem nítidos.

> Existe música para todos os gostos e todas as ocasiões. Algumas doenças podem ser curadas pela música. A década de 60, no Brasil, foi uma época de muitas repressões e restrições, as canções dessa década mostram perfeitamente isso. As canções podem falar de amor, de política ou simplesmente retratar a realidade.
>
> Há pessoas que gostam de escutar canções calmas, outras que preferem as mais agitadas. Algumas pessoas gostam de músicas só com os instrumentos e outras com um cantor.
>
> A história nos mostra o poder curativo das canções, não que ela seja um remédio milagroso, mas para algumas doenças, ela pode levar a cura. Existem estudos que comprovam e demonstram essa propriedade da música.
>
> As canções podem ter um caráter ilustrativo, ou seja, demonstrar uma situação ou um fato ocorrido. No Brasil podem-se citar as músicas feitas na década de 60, elas mostram perfeitamente a repressão da época da ditadura militar no Brasil, muitos compositores foram expulsos do Brasil, por causa das letras das músicas.
>
> Os compositores podem escrever as letras das músicas que lhes convier, alguns escrevem falando sobre o amor, outros relatam o que está acontecendo com o Brasil, como a música "Comida", de Arnaldo Antunes e Marcelo Fromer, que fala claramente do desejo da população brasileira.

> A música pode ser um excelente remédio, ou uma poderosa arma, felizmente o homem a está usando por um bem, individual ou coletivo. Não importa o tipo ou a hora que se ouve a música, o importante é a tranquilidade que ela nos passa. As pessoas encontram música em tudo, do assobio de um pássaro a um barulho de um motor em pleno funcionamento.

Uma primeira leitura nos mostra que há unidade semântica, porque o tema que perpassa todo o texto é a música. Entretanto, essa unidade não é suficiente, pois não podemos distinguir imediatamente qual seria a ideia principal e não percebemos a relação imediata entre as ideias que estão justapostas. Relendo os parágrafos, encontramos ideias colocadas lado a lado, sem hierarquia ou progressão que conduza a uma conclusão. Não há concatenação entre as informações, de forma que o texto apresente uma sequência. Qualquer período parece poder estar em qualquer posição, o que não modificaria o resultado. Ou seja, a progressão da informação e a articulação entre as ideias não foram devidamente elaboradas.

Vamos então estabelecer, por suposição, que a ideia principal seja expositiva: *a grande abrangência da música na vida contemporânea*. O redator teria por objetivo expor os diversos campos em que a música está presente na vida humana, sem especificar ou defender nenhum deles particularmente.

Para que o texto passe a apresentar coesão e reflita essa ideia, é necessário empreender algumas transformações:

1º Agrupar ideias relacionadas entre si. No texto em questão, o autor apresentou três grupos de ideias: **música e prazer**; *música e saúde*; MÚSICA E POLÍTICA.

2º Reorganizar o texto, enfatizando uma ideia principal para a introdução e para a conclusão e estabelecendo as formas de articular as ideias secundárias.

3º Estabelecer nexo entre as diversas ideias por meio de frases de transição e de recursos coesivos; reescrever, eliminando e acrescentando elementos.

4º Revisar.

Existe música para todos os gostos e todas as ocasiões. *Algumas doenças podem ser curadas pela música.* A DÉCADA DE 60, NO BRASIL, FOI UMA ÉPOCA DE MUITAS REPRESSÕES E RESTRIÇÕES, AS CANÇÕES DESSA DÉCADA MOSTRAM PERFEITAMENTE ISSO. **As canções podem falar de amor, de política ou simplesmente retratar a realidade.** Há pessoas que gostam de escutar canções calmas, outras que preferem as mais agitadas. Algumas pessoas gostam de músicas só com os instrumentos e outras com um cantor. *A história nos mostra o poder curativo das canções, não que ela seja um remédio milagroso, mas para algumas doenças, ela pode levar a cura. Existem estudos que comprovam e demonstram essa propriedade da música.* **As canções podem ter um caráter ilustrativo, ou seja, demonstrar uma situação ou um fato ocorrido.** NO BRASIL PODEM--SE CITAR AS MÚSICAS FEITAS NA DÉCADA DE 60, ELAS MOSTRAM PERFEITAMENTE A REPRESSÃO DA ÉPOCA DA DITADURA MILITAR NO BRASIL, MUITOS COMPOSITORES FORAM EXPULSOS DO BRASIL, POR CAUSA DAS LETRAS DAS MÚSICAS.

Os compositores podem escrever as letras das músicas que lhes convier, alguns escrevem falando sobre o amor, outros relatam o que está acontecendo com o Brasil, como a música, "Comida" de Arnaldo Antunes e Marcelo Fromer, que falam claramente do desejo da população brasileira.

A música pode ser um excelente remédio, ou uma poderosa arma, felizmente o homem a está usando por um bem, individual ou coletivo. **Não importa o tipo ou a hora que se ouve a música, o importante é a tranquilidade que ela nos passa. As pessoas encontram música em tudo, do assobio de um pássaro a um barulho de um motor em pleno funcionamento.**

Vejamos uma das possibilidades de aperfeiçoamento do texto, aproveitando a maior parte das estruturas construídas originalmente pelo autor:

Existe música para todos os gostos e todas as ocasiões. As canções podem falar de amor, de política, retratar a realidade e, até mesmo, promover a cura de doenças.

> *Há pessoas que gostam de escutar canções calmas, outras que preferem as mais agitadas; algumas pessoas gostam de música instrumental e outras de música cantada. Não importa o tipo ou a hora em que se ouve a música, o importante é a tranquilidade e a alegria que ela transmite, pois pode-se encontrar música em tudo, do assobio de um pássaro a um barulho de um motor em pleno funcionamento.*
> *Assim, como o gosto do público é diversificado, os compositores podem escrever as letras das músicas da forma que lhes convier. Alguns escrevem falando de amor, outros relatam o que está acontecendo com o Brasil, como a música "Comida", de Arnaldo Antunes e Marcelo Fromer, que fala claramente dos desejos da população.*
> *Essa vertente de músicas voltadas para a questão social não é nova. As canções da década de 60, no Brasil, mostram perfeitamente como essa foi uma época de muitas repressões e restrições, em consequência da ditadura militar. Muitos compositores foram até mesmo expulsos do Brasil, por causa das letras de suas músicas.*
> *Além das funções de proporcionar prazer estético e de denunciar problemas sociais, a história nos mostra o poder curativo das canções. Não que sejam um remédio milagroso, mas podem levar a cura para algumas doenças. Existem estudos que comprovam e demonstram essa propriedade da música.*
> *Podemos compreender, então, que a música pode ser uma fonte de alegria e prazer, uma forma de conscientização e de denúncia social ou um excelente remédio. Consequentemente, para o seu próprio bem, o homem está sempre em contato com a música.*

Como podemos observar, a coesão evidencia, na superfície do texto, as articulações que estabelecem relações das ideias. Um texto desorganizado geralmente apresenta problemas de coesão. Então, é preciso trabalhar em dois níveis:

1º – organizar as ideias numa rede de significados e
2º – entrelaçar gramaticalmente as frases e os períodos.

Vejamos como os laços coesivos se realizam em um exemplo de texto editorial jornalístico:

DESRESPEITO AOS DIREITOS HUMANOS

A denúncia da Anistia Internacional **sobre a prática no Brasil de torturas e execuções** por esquadrões da morte de modo algum surpreende as autoridades governamentais. É fato notório que as **violações aos direitos humanos** se sucedem no país com frequência indesejável, embora diante da reação indignada da sociedade e dos órgãos oficiais encarregados de reprimi-**las**. Desde a criação da Comissão de Defesa dos Direitos Humanos no âmbito do Ministério da Justiça, há mais de três anos, os **atentados contra a dignidade e incolumidade física das pessoas** têm diminuído. Durante os anos sombrios do regime militar, o governo costumava qualificar de conspiração internacional contra a imagem do país as **acusações** de agências humanitárias sobre **violência às pessoas**. E, assim, nenhuma providência era tomada, nem mesmo a elementar cautela de investigar a procedência dos **fatos denunciados**. Com o restabelecimento da legalidade democrática, instalou--se outro comportamento. Leis específicas e ações concretas têm sido adotadas para prevenir e punir os **desrespeitos às prerrogativas humanas da pessoa**. Os inquéritos de organizações internacionais em torno do **problema** passaram a servir de impulso ao sistema de garantias contra **abusos do gênero**. O primeiro exemplo disso veio na Constituição de 1988, que declarou a **tortura** crime inafiançável e insuscetível de graça ou anistia. O relatório anual da **Anistia** critica o Brasil e outras 141 nações. A avaliação rigorosa **da organização** é atestada por **incluir países normalmente a salvo de suspeitas**, como os Estados Unidos e a Suécia. As instituições norte-americanas são apontadas à censura mundial porque praticam **a pena de morte**, até mesmo para punir crimes cometidos por menores. Em dezembro de 1998, a Human Rigths Watch, outra prestigiada entidade internacional, denunciava a existência nos EUA de mais de três mil **crianças e adolescentes em prisões de adultos**. Pior, excluídos de qualquer programa de recuperação social. A Suécia chega ao índex internacional **por devolver asilados políticos sob graves riscos de tortura e morte em seus países de origem**. Mas a incriminação do Brasil ao lado de **sociedades tidas como padrão de cultura humanística** em nada o isenta de culpa. Só na Baixada Fluminense, Rio de Janeiro, os **homicídios** rondam a casa dos quinhentos ao mês, em grande parte praticados por esquadrões da morte. É um morticínio bem maior do que as baixas na guerra do Kosovo. Os mais de 175 mil **presos** nas peni-

```
40  tenciárias do país coabitam ambiente vil, promíscuo e violento,
41  onde cada qual ocupa menos de um metro quadrado de espaço. É
42  fundamental, diante do que foi exposto, que as denúncias da Anis-
43  tia inspirem reações mais efetivas em favor da proteção aos direi-
44  tos humanos.
46                              Correio Braziliense. Brasília, 20 jun. 1999. Editorial.
```

Observamos que a expressão-chave do texto é *desrespeito aos direitos humanos*, como está no título. Essa expressão é *substituída*, no texto, por várias outras que têm o mesmo significado, ou seja, estão no mesmo campo semântico e formam um paradigma, como:
- prática no Brasil de torturas e execuções (linhas 1 e 2);
- violações aos direitos humanos (linha 4);
- atentados contra a dignidade e incolumidade física das pessoas (linhas 8 e 9);
- violências às pessoas (linha 12);
- desrespeito às prerrogativas humanas da pessoa (linhas 17 e 18);
- problema (linha 19);
- abusos do gênero (linha 20).

Assim, temos exemplos de coesão por substituição lexical.

O texto, embora compreensível, ficaria com a coesão prejudicada se em todas essas posições o autor usasse a mesma expressão: *desrespeito aos direitos humanos*. Teria uma estrutura repetitiva, primária, elementar demais para o desenvolvimento que se espera nesse nível profissional de produção de editoriais. Qualquer leitor percebe o problema, que é decorrente da pobreza de vocabulário.

Veja como o texto ficaria no trecho a seguir:

*A denúncia da Anistia Internacional sobre o **desrespeito aos direitos humanos** por esquadrões da morte de modo algum surpreende as autoridades governamentais. É fato notório que o **des-***

O ENTRELAÇAMENTO DAS IDEIAS

> ***respeito aos direitos humanos*** *se sucede no país com frequência indesejável, embora diante da reação indignada da sociedade e dos órgãos oficiais encarregados de reprimir* ***o desrespeito aos direitos humanos***. *Desde a criação da Comissão de Defesa dos Direitos Humanos no âmbito do Ministério da Justiça, há mais de três anos,* ***o desrespeito aos direitos humanos*** *tem diminuído. Durante os anos sombrios do regime militar, o governo costumava qualificar de conspiração internacional contra a imagem do país as acusações de agências humanitárias sobre* ***o desrespeito aos direitos humanos***.

A construção da coesão textual tem prosseguimento pela substituição da ideia de *desrespeito aos direitos humanos* por informações mais específicas, que exemplificam essa ideia:
* a tortura (linha 21);
* pena de morte (linha 27);
* crianças e adolescentes em prisões de adultos (linha 30);
* devolver exilados políticos sob graves riscos de tortura e morte em seus países de origem (linhas 32 e 33);
* homicídios (linha 36);
* presos coabitam ambiente vil, promíscuo e violento (linhas 39 e 40).

Observe que esse detalhamento ilustra e especifica o que se entende no texto por *desrespeito aos direitos humanos*.

Há coesão por *substituição lexical* também nas expressões:
* *acusações de agências humanitárias* (linha 12) por *fatos denunciados* (linha 14)
* *Anistia* (linha 23) por *organização* (linha 24)
* *países normalmente a salvo de suspeitas* (linhas 24 e 25) por *sociedades tidas como padrão de cultura humanística* (linhas 34 e 35)

Sempre que escolhemos uma expressão equivalente para substituir outra, podemos agregar alguma informação adicional. Críticas, elogios, censuras podem vir explícitos ou implícitos nos termos que escolhemos para constituir a coesão lexical. Nosso julgamento e nossa posição diante da informação vêm, mesmo em textos tidos como objetivos, reveladas nessas expressões.

É interessante observar que no texto há exemplos de coesão *referencial*. A expressão *as violações aos direitos humanos* é representada por um pronome enclítico em *reprimi-las* (linha 6). A referência está clara, e o leitor só pode interpretar o pronome *las* como relativo à expressão anterior *as violações aos direitos humanos*.

Na linha 21, onde o pronome demonstrativo *disso* está se referindo a tudo que se afirma no período anterior a ele, há coesão referencial. Como também na linha 35, o pronome *o* se refere a *Brasil*, na linha anterior.

A expressão *cada qual* (linha 41) se refere a *presos* na linha anterior, e o pronome relativo *onde* se refere a *penitenciárias do país*.

Há um exemplo de coesão por *elipse* na linha 31: após a palavra *pior*, a vírgula indica que se subentende o sujeito de *excluídos* como a expressão do período anterior *mais de três mil crianças e adolescentes em prisões de adultos*.

Há no texto um exemplo de substituição de ideias por expressão sintetizadora: *diante do que foi exposto* (linha 42) resume toda a argumentação e justifica a conclusão que encerra o texto.

4. Entrelaçando as ideias

Como vimos neste capítulo e nessa rápida análise final, na elaboração de um texto criam-se laços de citações entre seus próprios elementos constituintes, de maneira que se forme um tecido harmonioso, uma rede bem urdida de relações gramaticais e de significado. É a *coesão textual*. Um período está ligado ao seguinte ou ao que o antecede por meio de recursos coesivos. Além das ligações temáticas e das estabelecidas pelo sistema gramatical, como concordância e tempos verbais, há possibilidade de criar laços mais largos por meio de *referências, diversidade lexical, elipses e substituições de partes do texto por expressões sintetizadoras*. Essas ligações observáveis na superfície do texto realizam de forma concreta as articulações necessárias para assegurar a coerência entre as ideias formuladas pelo redator.

Assim, é importante que na revisão do texto você procure focalizar sua atenção sobre esses itens concatenadores, para que a coesão textual garanta a fidelidade às ideias que quer apresentar.

5. Prática de entrelaçamento

a) Releia os textos que você produziu anteriormente e identifique os recursos de coesão que utilizou em cada um deles.

b) Escreva um texto expositivo acerca de um autor de sua preferência. Identifique outras formas de se referir a ele, após a apresentação, de modo que o nome próprio não seja utilizado mais de uma vez.

c) Sempre que estiver lendo um texto, para estudo ou trabalho, identifique as formas de coesão utilizadas pelo autor.

Capítulo 8
A reescrita de textos

1. A releitura como avaliação para a reescrita

O texto exige diversas releituras para reescritura e revisão antes de ser considerado satisfatório, como temos mostrado no desenvolvimento deste livro. Ao revisar o texto produzido, você terá a oportunidade de reconsiderar uma série de decisões tomadas no início da produção. É preciso analisar: as opções adotadas estão funcionando no texto como um todo? As decisões se mantêm ou há incoerências e descontinuidades?

Consegue-se essa avaliação ao reler várias vezes o texto, de forma mais distanciada, tentando tomar o lugar do leitor, como se você não fosse o redator.

Analise as decisões e a realização, no texto, quanto:
- ao leitor: inseri-lo no texto ou tratá-lo de forma neutra e distanciada. A opção escolhida foi mantida durante todo o texto? O leitor que você tem em mente é atendido durante todo o texto?
- ao gênero de texto: que plano de escrita utilizar para a situação. O formato é adequado à situação? As exigências referentes ao gênero foram respeitadas ou há ambiguidades e inconsistências?
- às informações: o que informar e o que considerar pressuposto. As informações fornecidas são suficientes ou o texto ficou muito denso, exigindo muito do leitor? A introdução de informações novas é bem realizada? Há informações irrelevantes que podem ser dispensadas?

Há excesso de informação? Há informações incompletas ou confusas? As informações factuais estão corretas?
- à linguagem: formal ou informal. A linguagem está adequada à situação? A opção escolhida tornou o texto harmonioso ou há oscilações súbitas e inadequadas?
- à impessoalidade ou subjetividade. O posicionamento adotado como predominante mantém-se ou essa opção não ficou consistente no texto?
- ao vocabulário. As escolhas estão adequadas ou há repetições enfadonhas e pobreza vocabular? Algum termo pode ser substituído por expressão mais exata? Há clichês, frases feitas, excesso de adjetivos, expressões coloquiais inadequadas, jargão profissional?
- às estruturas sintáticas e gramaticais. O texto está correto quanto às exigências da língua padrão? As transições entre as ideias estão corretas e claras? Os conectivos são adequados às relações entre as ideias? A divisão de parágrafos corresponde às unidades de ideias?
- ao objetivo e à situação. Está de acordo com o objetivo estabelecido inicialmente? As ideias principais estão evidentes?

Como já vimos, na primeira versão de um texto costumamos prestar mais atenção à criação das ideias. Tentamos gerar ideias e organizá-las de forma coerente, clara, articulada. Muitas vezes, nesse primeiro momento desprezamos a forma, ou seja, os detalhes da superfície do texto. Estamos preocupados em captar o fluxo do pensamento e registrá-lo da maneira mais completa possível.

Durante a reescrita, a atenção se desloca para a forma mais adequada e para a melhor organização final dessas ideias. A revisão é normalmente feita pelo próprio autor do texto, mas às vezes pode ser útil envolver colegas, professores, pais, irmãos ou companheiros. É importante que um leitor dê sua opinião sobre o texto.

As primeiras versões costumam trazer passagens distoantes, sem relação com o núcleo do texto, divagações ou digressões, "gorduras" enfim. Como alguns trechos devem ser riscados ou refeitos, nesse momento estamos também reestruturando a forma.

Às vezes, trata-se de cortar e simplificar frases longas demais ou truncadas, suprimir palavras, pronomes, adjetivos ou advérbios que pouco ou nada acrescentam ao texto. Com isso, torna-se mais legível e de acordo com as exigências da língua padrão.

As pesquisas que analisam textos de exames vestibulares e provas discursivas de concursos públicos mostram que a maior frequência de erros ocorre nesta ordem: pontuação, acentuação, construção do período, estabelecimento da coesão e vocabulário. Portanto, se você quer uma pista acerca dos pontos em que deve prestar mais atenção, comece por esses.

Muitas vezes não há erro, mas é preciso acrescentar elementos para criar ligações mais claras entre as diversas ideias do texto. Algumas pessoas escrevem muito nos rascunhos, outras são mais sintéticas e precisam ampliar o texto na reescritura.

Não se escreve como se fala, embora a fala possa servir de base para o início da escrita. Falando, todos nós podemos, a qualquer momento, e sempre que o nosso interlocutor quiser, acrescentar informações e corrigir outras. Na escrita não dispomos disso. O nosso interlocutor está longe e, por isso, precisamos alcançar a maior exatidão possível. Devemos, então, eliminar os rodeios, os jogos de palavras, os adjetivos e pronomes supérfluos, a repetição desnecessária.

A releitura é imprescindível para o aperfeiçoamento do texto. Por meio dela podemos avaliar o funcionamento do texto e propor reformulações. Vamos focalizar a seguir alguns aspectos que merecem atenção e que podem ser aperfeiçoados na reescrita.

2. A impessoalização do texto

Um texto é pessoal e subjetivo quando pronomes pessoais e possessivos, verbos conjugados em primeira e em terceira pessoa contribuem para que o diálogo se estabeleça entre autor e leitor de forma explícita, evidente.

Nem sempre temos interesse em deixar explícitas a nossa voz e as diversas vozes que são trazidas para compor um texto. Muitas vezes queremos adotar uma posição impessoal, aparentemente neutra, atenuando a dialogia e ocultando o agente das ações. Gramaticalmente há muitas maneiras de conseguir esse objetivo. Vejamos algumas delas.

a) Generalizar o sujeito, colocando-o no plural

Uma forma elegante de se distanciar relativamente da subjetividade é pluralizar o agente. O uso da primeira e da terceira pessoa do plural é a estratégia recomendada quando a intenção é atenuar a subjetividade da primeira pessoa, sem adotar a neutralidade absoluta. Frases como *Procuramos demonstrar...*, *Os pesquisadores reconhecem...*, *Nossas conclusões...* são menos subjetivas que *Procurei demonstrar...*, *Reconheço...*, *Minhas conclusões...*

b) Ocultar o agente

A expressão *é preciso* serve a esse propósito de neutralidade. Assim também expressões como *é necessário*, *é urgente*, *é imprescindível* são utilizadas para ocultar o agente. Quem precisa? Quem necessita? Para quem é urgente? Para quem é imprescindível? Não podemos definir com clareza. Torna-se uma realidade geral, universal, neutra, objetiva. Os textos dissertativos, informativos, expositivos, científicos apresentam, muitas vezes, essa característica de ocultar o agente. Tudo é dito como se fosse uma realidade que se apresenta sem intermediários.

c) Colocar um agente inanimado

Uma outra maneira de impessoalizar o texto é colocar como agente um ser inanimado, um fenômeno, uma instituição ou uma organização. Quando escrevo frases como *O Ministério decidiu...*, *A diretoria ordenou...*, *O governo protelou...*, a responsabilidade em relação à ação está diluída e não se pode identificar claramente de onde ou de quem emanou a iniciativa. É um recurso muito utilizado na administração pública e na política.

d) Uso gramatical do sujeito indeterminado

Como a própria nomenclatura indica, não se pode determinar com precisão quem realizou uma ação quando usamos a estrutura de sujeito indeterminado. Ela é muito útil quando queremos inserir uma informação da qual não sabemos a procedência exata.

Vive-se esperando o aumento de preços.
Acreditava-se em uma diminuição dos impostos.
Fala-se muito em renovação dos quadros funcionais.

e) O uso da voz passiva

Enquanto na voz ativa temos um agente explícito, na voz passiva esse agente pode estar oculto. Assim, usar a passiva sem esclarecer seu agente é um recurso gramatical para impessoalizar a informação. Veja o exemplo:

*Novas descobertas **foram realizadas** em centros de estudo e laboratórios ao redor do mundo. **Está sendo revelado** ao mundo que o cérebro é um órgão mais fascinante, complexo e poderoso do que antes se imaginava.*

Quem realizou? Quem está revelando? A voz passiva oculta o agente.

Como vimos, há diversas maneiras de tornar o texto impessoal, e todas elas utilizam recursos e possibilidades presentes no sistema gramatical da língua.

3. Uso do vocabulário

Um dos pontos importantes para um texto bem estruturado, adequado à situação e aos objetivos do redator, é a escolha cuidadosa do vocabulário, ou seja, a questão lexical. Algumas pessoas têm dificuldade na seleção da palavra certa. Você é um desses casos? A solução é ter paciência e esperar um pouco até que o "arquivo" mental processe o pedido e devolva uma série de possibilidades. Dessa lista ou paradigma é fácil eleger a palavra que mais combina com o contexto, que é mais exata para a ideia que se quer transmitir. Não se satisfaça com a primeira opção que vem à cabeça, pois quase sempre é a mais pobre.

Imaginemos que você vai escrever um texto sobre *trabalhadores rurais brasileiros de diversas regiões*. Para não repetir essa mesma expressão, é necessário procurar outras opções, como: *lavrador, camponês, agricultor, campestre, rústico, campeiro, campesino, campesinho, campino, agreste, rurícola, sem--terra, boia-fria, morador, peão, vaqueiro, chapadeiro, caipira*. Se você for ao dicionário, ainda vai encontrar inúmeras expressões regionais como: *araruama, babaquara, babeco, baiano, baiquara, beira-corgo, beiradeiro, biriba ou biriva, botocudo, brocoió, bruaqueiro, caapora, caboclo, caburé, cafumango, caiçara, cambembe, camisão, canguaí, canguçu, capa-bode, capiau, capicongo, capuava, capurreiro, cariazal, casaca, casacudo, casca-grossa, catatuá, catimbó, catrumano, curau, curumba, groteiro, guasca, jeca, macaqueiro, mambira, mandi ou mandim, mandioqueiro, mano-juca, maratimba, mateiro, matuto, mixanga, mixuango ou muxuango, mocorongo, moqueta, mucufo, pé-duro, pé no chão, pioca, piraguara, piraquara, queijeiro, restingueiro, roceiro, saquarema, sertanejo, sitiano, sitiante, tabaréu, tapiocano, urumbeba ou urumbeva (Dicionário Aurélio Eletrônico)*.

A escolha vai depender da análise dos objetivos do texto. Alguns termos enfatizam o trabalho ou a origem da pessoa, outros têm um sentido pejorativo associado à ideia de primitivo, em oposição à de civilizado. Uma seleção inadequada pode prejudicar o funcionamento do texto e causar efeito inverso ao que se deseja. O segredo do uso adequado do vocabulário é selecionar e combinar cuidadosamente.

Na seleção dos verbos, o processo é semelhante. Não se pode ficar satisfeito com a primeira possibilidade que vem à

A REESCRITA DE TEXTOS 131

mente. Assim, para o campo semântico do verbo *ter*, em cada uma de suas acepções, há uma série de outras opções, talvez mais ricas e mais exatas:

1. *Tem* muitos bens. (É dono de, possui)
2. *Tinha* as pastas de documentos nos braços. (segurava, carregava, sustinha, trazia)
3. Os funcionários esperam *ter* férias em julho. (usufruir, desfrutar, gozar)
4. *Tinha* grande poder. (detinha)
5. Ainda *tem* recursos para a viagem. (dispõe de)
6. Não conseguia *ter* o poder por muito tempo. (manter, conservar)
7. *Teve* um cargo de chefia. (ocupou, obteve, alcançou, exerceu, conseguiu, conquistou)
8. *Tinha* a admiração de todos. (obtinha, conquistava, atraía, conseguia, despertava, provocava)
9. O documento *tinha* muitos argumentos. (continha, encerrava, apresentava, arrolava)
10. Ele *tem* uma doença contagiosa. (padece de, sofre de, é portador de)
11. *Teve* uma forte emoção. (sentiu, experimentou, viveu)
12. *Tem* bom aspecto. (apresenta, mostra, ostenta)
13. *Tivemos* em nossa casa um ilustre hóspede. (acolhemos, abrigamos, recebemos)
14. Na cerimônia, *tinha* um belo terno. (trajava, usava, vestia, trazia)
15. Ele *teve* muita iniciativa. (mostrou, revelou, deu prova de, demonstrou)
16. *Tenho* a mesma opinião. (adoto, acato, sigo, aceito)
17. *Teve* a punição merecida. (recebeu, sofreu)
18. *Teve* resposta positiva. (obteve, recebeu)
19. Cidadãos conscientes *têm* amor à história. (consagram, dedicam, devotam, tributam)
20. Ele já *tem* noventa anos. (completou, conta)
21. *Tenho* de falar. (devo, preciso, necessito)

O verbo *dar*, que também é um verbo genérico, dependendo do contexto, pode ser substituído por: *doar, ofertar, oferecer, produzir, resultar, ceder, conceder, apresentar, manifestar, revelar, cometer, causar, soltar, emitir, publicar, divulgar, realizar, vender, administrar, aplicar, ministrar, proferir, dedicar, consagrar, provocar, reservar, render, propor, trazer, conter, incluir, registrar, consignar, atribuir, encontrar, incidir, divisar, avistar, perceber, bastar, ser suficiente, ter vocação, cismar, sentir, acontecer...* ou outros.

Nosso léxico é muito rico e não devemos nos contentar com o mínimo. Vale a pena investir na ampliação do nosso acervo individual para produzir textos melhores.

Entretanto, qualquer exagero pode levar ao lado oposto. É necessário equilíbrio para assegurar a clareza e a comunicação. Por isso, ao reescrever, convém eliminar palavras muito técnicas, que fazem parte do jargão de uma determinada profissão, e dispensar palavras e expressões supérfluas, evitando redundâncias ou expressões vazias, que procuram apenas impressionar o leitor. Fuja das expressões gastas, dos clichês:

O sol nasceu para todos...
Nós, enquanto brasileiros,...
A questão passa por...
A nível de filosofia, é importante...
Desde tempos imemoriais...

Observe os quadros a seguir, que ironizam a linguagem pedante da tecnocracia. Você pode escolher aleatoriamente um fragmento de cada coluna e conseguirá formar uma frase gramaticalmente aceitável, mas sem conteúdo definido ou consistente.

Evite esse tipo de linguagem complexa, rebuscada, cheia de efeitos e palavras da moda, mas inconsistente em termos de informação objetiva.

Quadro 1: Elio Gaspari.

MANUAL DE TECNOMISTIFICAÇÃO

Madame Natasha tem horror a música. Ela confunde bola de Taffarel com bolero de Ravel. Habitualmente, a senhora distribui bolsas de estudo aos sábios da parolagem, mas desta vez, graças ao jornalista Walter Fontoura, passa adiante o tratado do blá-blá-blá.

Trata-se do *Guia de Discurso para Tecnocratas Principiantes*. Sua versão original teria sido publicada numa revista polonesa. Fontoura teve acesso a uma tradução de autor desconhecido que vai publicada adiante, com algumas adaptações. É uma versão melhorada de uma compilação surgida pela primeira vez há mais de 20 anos, na revista *Time*. Talvez não seja coisa muito nova, mas certamente é divertida (para amigos do idioma) e útil (para os inimigos).

O leitor pode combinar qualquer expressão listada na primeira coluna com outras, das demais, na ordem 1, 2, 3 e 4. As variações possíveis são cerca de 10 mil. Segundo os autores, permite ao empulhador que fale ininterruptamente por mais de 40 horas, sem dizer coisa nenhuma.

Caros colegas,	a execução deste projeto	nos obriga à análise	das nossas opções de desenvolvimento no futuro.
Por outro lado,	a complexidade dos estudos efetuados	cumpre um papel essencial na formulação	das nossas metas financeiras e administrativas.
Assim mesmo,	a expansão de nossa atividade	exige a precisão e a definição	dos conceitos de participação geral.
Não podemos esquecer que	a atual estrutura da organização	auxilia a preparação e a estruturação	das atitudes e das atribuições da diretoria.
Do mesmo modo,	o novo modelo estrutural aqui preconizado	contribui para a correta determinação	das novas proposições.
A prática mostra que	o desenvolvimento de formas distintas de atuação	assume importantes posições na definição	das opções básicas para o sucesso do programa.
Nunca é demais insistir, uma vez que	a constante divulgação das informações	facilita a definição	do nosso sistema de formação de quadros.
A experiência mostra que	a consolidação das estruturas	prejudica a percepção da importância	das condições apropriadas para os negócios.
É fundamental ressaltar que	a análise dos diversos resultados	oferece uma boa oportunidade de verificação	dos índices pretendidos.
O incentivo ao avanço tecnológico, assim como	o início do programa de formação de atitudes	acarreta um processo de reformulação	das formas de ação.

Jornal de Brasília, 28 jun. 1998.

Quadro 2

COLUNA A	COLUNA B	COLUNA C	COLUNA D	COLUNA E	COLUNA F	COLUNA G
1. A necessidade emergente	se caracteriza por	uma correta relação entre estrutura e superestrutura	no interesse primário da população,	substanciando e vitalizando,	numa ótica preventiva e não mais curativa,	a transparência de cada ato decisional.
2. O quadro normativo	prefigura	a superação de cada obstáculo e/ou resistência passiva	sem prejudicar o atual nível das contribuições,	não assumido nunca como implícito,	no contexto de um sistema integrado,	um indispensável salto de qualidade.
3. O critério metodológico	reconduz a sínteses	a pontual correspondência entre objetivos e recursos	com critérios não dirigísticos,	potenciando e incrementando,	na medida em que isso seja factível,	o aplainamento de discrepâncias e discrasias existentes.
4. O modelo de desenvolvimento	incrementa	o redirecionamento das linhas de tendência em ato	para além das contradições e dificuldades iniciais,	evidenciando e explicitando,	em termos de eficácia e eficiência,	a adoção de uma metodologia diferenciada.
5. O novo tema social	propicia	o incorporamento das funções e a descentralização decisional	numa visão orgânica e não totalizante,	ativando e implementando,	a cavaleiro da situação contingente,	a redefinição de uma nova figura profissional.
6. O método participativo	propõe-se a	o reconhecimento da demanda não satisfeita	mediante mecanismos da participação,	não omitindo ou calando, mas antes particularizando,	com as devidas e imprescindíveis enfatizações,	o coenvolvimento ativo de operadores e utentes.
7. A utilização potencial	privilegia	uma coligação orgânica interdisciplinar para uma práxis de trabalho de grupo,	segundo um módulo de interdependência horizontal,	recuperando, ou antes revalorizando,	como sua premissa indispensável e condicionante,	uma congruente flexibilidade das estruturas.

Adriano da Gama Kury. *Para falar e escrever melhor o português*. 1ª ed. Rio de Janeiro, Nova Fronteira, 1989, p. 18.

4. Estrutura dos períodos

Um aspecto decisivo para a reescrita de textos é a avaliação da construção dos períodos. Em textos expositivos, dissertativos ou argumentativos, as frases devem ser curtas, ágeis. Quanto mais extenso for o período, maior será a possibilidade de se perder o controle da sua elaboração e cometer impropriedades estruturais. É necessário observar cuidadosamente a sintaxe da oração:

Sujeito	Predicado e complementos
Com o qual o verbo concorda	
Paulo	**entregou o texto a Joana ontem na sala subitamente.**
	Verbo + objeto direto + objeto indireto + adjuntos adverbiais
	Quando? Onde? Por quê? Como? Com quê?

Nenhum desses elementos pode estar separado do outro por vírgula, a não ser que esteja em posição invertida, ou seja, fora da ordem direta. É geralmente preferível a ordem direta:

sujeito + predicado + complementos

Na construção dos períodos, convém evitar orações intercaladas muito longas, que dificultam a compreensão do leitor. Sempre que estiver reescrevendo seu texto, procure identificar as relações sintáticas para observar se há concordância entre os termos das orações e se a pontuação está correta. A pontuação é um dos principais problemas dos textos e ela depende de um conhecimento mínimo de análise sintática. Como nosso objetivo aqui não é oferecer uma revisão gramatical, mas apenas provocar algumas reflexões, sugerimos que você volte aos seus livros de língua portuguesa e tente se aproximar dos capítulos de sintaxe com outros olhos.

Se você aceitar a sugestão e voltar às gramáticas ou aos livros didáticos para uma revisão de sintaxe, procure analisar as possibilidades da língua, os recursos disponíveis, as diversas formas de elaborar uma ideia, com o objetivo de construir períodos melhores em seus textos. Esqueça aquele desespero ao decorar classificações para preencher exercícios ou testes e procure entender o funcionamento lógico da frase e seus efeitos de sentido junto ao leitor. Cada uma das possibilidades sintáticas constitui uma maneira diferente de transmitir uma posição, de dar ênfase a um tópico, de provocar uma interpretação. Este é um grande defeito do ensino escolar: desvincular a análise sintática da produção de textos.

5. A pontuação

A vírgula é a principal dúvida de todos os redatores. Ela não serve apenas para marcar pausas ou momentos de respiração, como se acredita no senso comum. É principalmente um fator sintático, já que une e separa elementos de uma oração, ordenando-os de forma lógica.

É preciso memorizar que não se usa vírgula entre o sujeito e o predicado nem entre o predicado e seus complementos.

É correto utilizar a vírgula para:
a) Separar o vocativo:
Senhoras e senhores, *esperamos que tenham uma boa viagem.*
b) Separar o aposto explicativo:
Pedro, **o aluno mais estudioso**, *foi aprovado no concurso público.*
c) Separar enumerações:
Escrevi **cartas, ofícios, memorandos, pareceres, relatórios e monografias**.
d) Expressões intercaladas: isto é, por exemplo, ou seja, aliás, ou melhor etc.
e) Separar orações intercaladas ou não.
 • coordenadas sem conjunção – *O livro,* **disseram os alunos**, *é bom.*
 • adjetivas explicativas: *O livro,* **que é uma fonte imprescindível de informações**, *está caro.*

Observação: as adjetivas restritivas não aceitam vírgula:
O livro que o professor sugeriu é bom.
* adverbiais: *Quando chegar o dia do exame, estarei pronto.*

A ausência de ponto final também constitui um problema de sintaxe. Quando o redator não consegue dividir adequadamente as ideias em períodos distintos, acumula informações de forma densa e complexa, dificultando a interpretação do leitor. Observe este exemplo retirado de um rascunho de documento pedagógico:

> *A proposta para o ensino de língua portuguesa consiste em tomar a linguagem como atividade discursiva, o texto e a variedade de gêneros como unidade básica de ensino e a noção de gramática como recurso para analisar as questões relativas à coerência e à coesão textual, permitindo, por meio da realização escolar de uma prática constante de escuta de textos orais, leitura de textos escritos e produção de textos orais e escritos, e por meio da análise e da reflexão sobre os diversos aspectos envolvidos nessas práticas, da aquisição de conhecimentos discursivos e linguísticos que possibilitem a ampliação progressiva da capacidade de ouvir, falar, ler e escrever, de maneira crítica e autônoma, atendendo propósitos e demandas sociais e garantindo a plena participação social.*

Observe que não há problemas de concordância, ortografia, acentuação. Entretanto, o texto oferece dificuldade de leitura por prolongar-se excessivamente. Podemos dizer que há problemas de sintaxe e de estilo, que podem ser solucionados pela divisão em períodos menores e uma adequada colocação de pontos finais. Vejamos:

> *A proposta para o ensino de língua portuguesa consiste em tomar a linguagem como atividade discursiva, o texto e a variedade de gêneros como unidade básica de ensino e a noção de gramática como recurso para analisar as questões relativas à coerência e à coesão textual.* **Tal procedimento permite**, *por*

*meio da realização escolar de uma prática constante de escuta de textos orais, leitura de textos escritos e produção de textos orais e escritos, e por meio da análise e da reflexão sobre os diversos aspectos envolvidos nessas práticas, a aquisição de conhecimentos discursivos e linguísticos. **Esses conhecimentos possibilitam a ampliação progressiva da capacidade de ouvir, falar, ler e escrever de maneira crítica e autônoma, atendendo propósitos e demandas sociais e garantindo a plena participação social.***

A divisão em períodos menores, as necessárias adaptações sintáticas e a pontuação transformaram o texto de forma a facilitar a leitura, sem, contudo, alterar o sentido original.

6. A questão da ortografia

A ortografia das palavras é uma convenção que envolve decisões coletivas e históricas, oficializadas por segmentos como Academias de Letras, instituições de ensino, pesquisadores, publicações e leis. Não podemos individualmente modificar a ortografia conforme nossa preferência.

A língua portuguesa oferece muitas dificuldades ortográficas. Hoje, uma grande parcela dessas dificuldades se resolve pelo uso do computador. À medida que se escreve, o programa aponta dúvidas, incorreções e palavras inexistentes, mas a decisão final é ainda do redator. Entretanto, nem sempre podemos usar o computador. E, muitas vezes, como nos concursos, escrevemos de forma manuscrita e sem possibilidade de consulta ao dicionário. Portanto, o melhor é criar familiaridade com as palavras.

Alguns procedimentos podem ajudá-lo a melhorar seu desempenho em relação à ortografia:

- **LEIA MUITO. NAMORE AS PALAVRAS.**
- **LEIA PRESTANDO ATENÇÃO NA GRAFIA. SOLETRE, SEPARE AS SÍLABAS DE PALAVRAS NOVAS. FAÇA PALAVRAS CRUZADAS NAS HORAS VAGAS.**
- **CONSULTE O DICIONÁRIO SEMPRE QUE TIVER DÚVIDA.**
- **PEÇA A ALGUM PROFESSOR PARA DIAGNOSTICAR SUAS DIFICULDADES.**
- **FOCALIZE SUA ATENÇÃO NOS PONTOS EM QUE AINDA TEM PROBLEMA.**
- **DUVIDE SEMPRE DA GRAFIA DE SÍLABAS COMPLEXAS.**

As principais dificuldades de grafia das palavras em português são decorrentes das muitas representações gráficas para um mesmo som ou dos encontros de consoantes:

SS/C/S/Ç/SC/X/SÇ: assunto, acento, ensaio, açúcar, nascer, crescer, máximo, exceção, nasça.
PR/BL/CL/FL/DR: problema, proclama, flanela, flandre.
RS: perspectiva, superstição, interstício.
J/G: viajem (verbo), viagem (substantivo).
S/Z: riqueza, vazio, deslizar, atraso, visor, análise, analisar, estender.
X/CH: ficha, fecho, baixeza, puxar.

Essas ocorrências exigem maior atenção. O melhor e mais seguro é consultar o dicionário muitas vezes até memorizar a ortografia da palavra.

Identifique quais são os seus problemas mais frequentes e concentre seu esforço e sua atenção sobre esses casos. Sempre que encontrar uma palavra difícil ou nova para você, leia-a várias vezes em voz alta para gravar o som, escreva sem olhar para o texto original e depois confira.

A dúvida é natural mesmo para quem escreve todos os dias e vive de escrever. É impossível ter certeza absoluta da grafia correta de todas as palavras da língua. Saiba que revisores profissionais têm ao alcance da mão muitos livros de consulta, e até escritores prestigiados têm dúvidas e vão ao dicionário a todo momento. Quem tem vergonha de demonstrar dúvida e de consultar o dicionário, já apelidado indevidamente de "pai dos burros", corre muito mais risco de errar. Deveríamos chamar o dicionário de "pai dos sábios", pois quem o consulta com frequência tem realmente mais familiaridade com os fatos da língua.

A acentuação gráfica também merece atenção especial, mas essa é facilmente resolvida com o treino, a consulta constante às regras e a atenção na hora de escrever e de revisar. Sugerimos que o redator tenha à mão um cartão plastificado com o resumo das regras para consulta diária. A memorização vem com o uso.

7. O uso do sinal indicativo de crase

Muitas pessoas acreditam que é impossível compreender o funcionamento da crase. Mas é relativamente simples. Alguns verbos transitivos indiretos exigem o uso de uma preposição *a*; quando em seguida a esses verbos há uma palavra feminina que admite artigo feminino *a*, os dois *as* se encontram e acontece a crase:

José entregou o livro a > a professora recebeu o livro.
José entregou o livro à professora.

Não se usa sinal indicativo de crase antes de
- verbo;
- palavra masculina;
- pronomes indefinidos; quem, alguém;
- pronomes demonstrativos: esse, este;
- pronomes pessoais: ela, mim;

porque essas palavras nunca são antecedidas por artigo feminino. Em todos estes exemplos, *a* é preposição.
José entregou o livro ao amigo.
José entregou o livro a quem pediu.

A REESCRITA DE TEXTOS

José entregou o livro *a* correr.
José entregou o livro *a* esse homem.
José entregou o livro *a* ela.

Não se usa crase também em expressões como:

cara a cara
de alto a baixo
de baixo a cima
de fora a fora
face a face
frente a frente
gota a gota

Muitas expressões exigem sinal indicativo de crase, como:

à altura	à escolha	à margem de
à bala	à espera	à medida que
à base de	à esquerda	à página 10
à beça	à força	à parte
à beira de	à francesa	à primeira vista
à caça	à luz	à procura
à direita	à maneira de	à proporção que
à disposição	à mão (escrever)	à razão de
à entrada	à mão (estar)	à tinta
à época	à máquina (escrever)	

Acostume-se a tirar dúvidas sempre que elas aparecem. Assim, você consolida sua intimidade com a língua escrita e as infinitas possibilidades de expressão. Observe uma tabela de avaliação de textos que sintetiza as questões referentes à qualidade textual e pode servir de roteiro para sua própria releitura.

ASPECTOS A SEREM CONSIDERADOS NO APERFEIÇOAMENTO DO TEXTO

ASPECTOS TEXTUAIS

S	Sintaxe de construção de frases e períodos	Reescrever observando: adequação dos conectivos e palavras de relação; corrigir fragmentação e truncamento de ideias; evitar acúmulo de ideias num mesmo período; construir paralelismo sintático.
C	Coesão e coerência	Reescrever observando: distinguir a ideia central; eliminar ideias incompatíveis ou sem importância para o desenvolvimento da ideia central; especificar generalizações; articular as relações lógicas entre as ideias por meio de conectivos; utilizar argumentos adequados; eliminar repetições; desfazer ambiguidades.
V	Vocabulário	Eliminar ou substituir palavras repetidas. Utilizar palavra mais adequada. Eliminar gírias, expressões coloquiais, clichês.
P	Parágrafo	Agrupar ideias complementares ou dependentes. Distribuir ideias por parágrafos diferentes. Escrever transição entre parágrafos.
G	Gênero	Manter o tom conforme o gênero. Evitar mudanças injustificáveis de nível. Observar estruturas peculiares.

ASPECTOS GRAMATICAIS E FORMAIS

F	Forma Legibilidade Estética	Respeitar as margens. Reescrever com letra legível. Deixar evidente a abertura de parágrafos. Evidenciar maiúsculas.
O	Ortografia	Corrigir conforme o dicionário.
A	Acentuação	Corrigir conforme as regras.
Pt	Pontuação	Retirar, acrescentar ou modificar.
Cd	Concordância	Corrigir conforme a justificativa gramatical.
Rg	Regência	Corrigir conforme a justificativa gramatical.
E	Emprego e colocação	Corrigir conforme as regras.

Caso você seja professor, pode usar as letras da primeira coluna como indicações nas margens dos textos de seus alunos.

CARTA AO LEITOR

Brasília, maio de 2019.

Meu amigo leitor,

Suponho que você esteja realmente interessado em aperfeiçoar sua habilidade em produzir textos, pois chegou até aqui. Se é que não começou pelo final, como eu gosto de fazer algumas vezes. De qualquer forma, espero que a leitura e os exercícios propostos tenham sido estimulantes, gratificantes, e, sobretudo, que tenham desvelado novos horizontes para você.

Procurei traduzir conceitos muito sofisticados em linguagem quase informal, mas não tenho muita segurança se consegui isso, e no grau que desejava. Afinal, na escrita, há sempre uma margem de incerteza, e somente você, leitor, tem a resposta para minha dúvida.

Quem buscava uma fórmula infalível e definitiva pode estar se sentindo frustrado ou atordoado. Mas relaxe, pois, se você se empenhou verdadeiramente, houve muito crescimento. Como vimos, escrever bem, pelo menos para as necessidades práticas, não é uma iluminação divina, súbita; é o resultado de muito trabalho com a linguagem, o que leva tempo e exige paciência. Entretanto, mesmo sendo uma tarefa complexa e prolongada, é acessível a todos. E é preciso lembrar que o trabalho com a leitura e a escrita é ininterrupto, vai continuar pela vida afora, o que significa que você continuará crescendo sempre.

O interesse pela linguagem, além de fortalecer seu equipamento essencial de participação na sociedade, pode se transformar em um jogo, ou seja, uma aventura lúdica, enriquecedora e prazerosa. O objeto desse jogo é a língua, na qual estamos totalmente imersos. Escrever, ler e compreender os infinitos matizes da linguagem são formas muito especiais de felicidade que nossa cultura nos proporciona. Não se contente em usufruir apenas o que a distribuição perversa do capital simbólico na nossa sociedade nos concede. Queira sempre mais.

Lucília

Bibliografia comentada de apoio ao aluno

ABREU, Antônio Suárez. (1993) *Curso de redação*. São Paulo: Ática.
Curso rápido de redação e revisão gramatical. Fácil, leve, pode ser utilizado sem ajuda.
BARBOSA, Severino Antônio & AMARAL, Emília. (1986) *Escrever é desvendar o mundo – a linguagem criadora e o pensamento lógico*. Campinas: Papirus.
Curso rápido e completo de redação, que vai dos processos de desenvolvimento da criatividade ao aperfeiçoamento da apresentação do pensamento lógico. Indicado para quem quer avançar rapidamente nas reflexões e na prática sobre a produção de textos. Pode ser utilizado sem ajuda presencial.
CARRAHER, David W. (1983) *Senso crítico: do dia a dia às ciências humanas*. São Paulo: Pioneira.
Obra teórico-prática muito agradável que, por meio de explicações e exercícios, leva o leitor a se tornar mais crítico e reflexivo em relação às informações disponíveis na sociedade.
CUNHA, Celso & CINTRA, Lindley L. F. (1995) *Nova gramática do português contemporâneo*. Rio de Janeiro: Nova Fronteira.
Trata-se de uma gramática moderna, que não pretende estabelecer normas rígidas, mas sim descrever os usos reais e atuais da língua nas diversas circunstâncias. Não é de fácil consulta para iniciantes que querem tirar dúvidas práticas de gramática.
FARACO, Carlos Alberto & TEZZA, Cristóvão. (1992) *Prática de texto: língua portuguesa para nossos estudantes*. Petrópolis: Vozes.
Ótimo curso completo de produção de texto para estudantes universitários e outros interessados. Apresenta excelente reflexão sobre questões linguísticas e muitos exercícios práticos de leitura e produção de textos. Pode ser usado como manual para cursos de redação ou individualmente.

GARCIA, Othon M. (1986) *Comunicação em prosa moderna*. Rio de Janeiro: Fundação Getúlio Vargas.

Obra clássica, à qual todas as outras produzidas no Brasil se reportam, no que diz respeito à produção de textos. Embora não utilize conceitos modernos da linguística textual, já os antecipava por meio de uma observação aguda do funcionamento dos textos literários. Indispensável para todos que querem se aprofundar nas questões da escrita em língua portuguesa.

MARTINS, Eduardo. (org.) (1997) *O Estado de S. Paulo – Manual de redação e estilo*. São Paulo: O Estado de S. Paulo/Moderna.

Manual de consulta rápida para solucionar dúvidas de escrita da língua portuguesa padrão. Muito útil e fácil de usar sem ajuda do professor, pois é organizado a partir de verbetes em ordem alfabética. Assim como um bom dicionário, deve estar sempre à mão do redator.

PLATÃO, F. & FIORIN, J. L. (1997) *Lições de texto: leitura e redação*. São Paulo: Ática.

Excelente coletânea de textos comentados e analisados segundo os princípios mais atuais da linguística. Fácil, interessante e pode ser utilizado individualmente, sem ajuda presencial de um professor, como pode ser um manual de curso.

SERAFINI, Maria Teresa. (1989) *Como escrever textos*. São Paulo: Globo.

Curso de redação em duas partes, uma para o aluno e outra para o professor. O capítulo a respeito da organização das ideias é muito interessante. Pode ser útil para trabalhos escritos dissertativos.

VIANA, A. C. (2011) *Guia de redação: escrever melhor*. São Paulo: Scipione.

Curso de redação completo, com muitos textos para leitura e exercícios. Pode ser utilizado como manual de curso ou como roteiro individual de trabalho.

Bibliografia para aprofundamento

ABREU, Antônio Suárez. (1989) *Curso de redação.* São Paulo: Ática.
ALMEIDA, Napoleão M. de (1998) *Dicionário de questões vernáculas.* São Paulo: Ática.
BAKHTIN, M. (1930) *Marxismo e filosofia da linguagem.* São Paulo: Hucitec, 1981.
_____ (1930) *Estética da criação verbal.* São Paulo: Martins Fontes: 1992.
BARBOSA, Severino Antônio & AMARAL, Emília. (1986) *Escrever é desvendar o mundo – a linguagem criadora e o pensamento lógico.* Campinas: Papirus.
BARRAS, Robert. (1986) *Os cientistas precisam escrever.* São Paulo: T. A. Queiroz.
BASTOS, L. K. (1994) *Coesão e coerência em narrativas escolares.* São Paulo: Martins Fontes.
_____ & MATTOS, M. A. (1986) *A produção escrita e a gramática.* São Paulo: Martins Fontes.
BECHARA, Evanildo. (1985) *Ensino da gramática. Opressão? Liberdade?* São Paulo: Ática.
BLINKSTEIN, Izidoro. (1995) *Técnicas de comunicação escrita.* São Paulo: Ática.
BRASIL. (1991) *Manual de redação da Presidência da República.* Brasília: Imprensa Nacional.
BRONCKART, Jean-Paul. (1999) *Atividade de linguagem, textos e discursos: por um interacionismo sócio-discursivo.* São Paulo: Educ.
CALKINS, L. M. (1989) *A arte de ensinar a escrever.* Porto Alegre: Artes Médicas.
CAMARA Jr., J. Mattoso. (1983) *Manual de expressão oral e escrita.* Petrópolis: Vozes.
CARRAHER, David W. (1983) *Senso crítico: do dia a dia às ciências humanas.* São Paulo: Pioneira.

CASTELLO, José. (1999) *Inventário das sombras*. São Paulo: Record.
CAVALCANTI, M. C. (1989) *Interação leitor-texto: aspectos de interpretação pragmática*. Campinas: Unicamp.
CHAUI, Marilena. (1991) *Cultura e democracia; o discurso competente e outras falas*. São Paulo: Moderna.
_____ (1997) *Convite à Filosofia*. São Paulo: Ática.
CITELLI, Adilson. (1991) *Linguagem e persuasão*. São Paulo: Ática.
COSTE, D. e outros. (1988) *O texto: leitura e escrita*. Campinas: Pontes.
COWLEY, Malcolm. (org.) (1982) *Escritores em ação: as famosas entrevistas à "Paris Review"*. Rio de Janeiro: Paz e Terra.
CUNHA, Celso & CINTRA, Lindley L. F. (2008) *Nova gramática do português contemporâneo*. Rio de Janeiro: Lexikon.
DIJK, T. A. V. (1992) *Cognição, discurso, interação*. São Paulo: Contexto.
DURAS, Marguerite. (1994) *Escrever*. Rio de Janeiro: Rocco.
ECO, Umberto. (1985) *Como se faz uma tese*. São Paulo: Perspectiva.
FAULSTICH, Enilde L. de J. (1988) *Como ler, entender e redigir um texto*. Petrópolis: Vozes.
FÁVERO, L. L. & KOCH, Ingedore. (1983) *Linguística textual: introdução*. São Paulo: Cortez Editores.
_____ & PASÇHOAL, M. S. Z. (org.) (1985) *Linguística textual – Texto e leitura*. São Paulo. Cadernos PUC 22, Educ.
_____. (1991) *Coesão e coerência textuais*. São Paulo: Ática.
FIORIN, L. J. & PLATÃO, F. Savioli. (1990) *Lições de texto: leitura e redação*. São Paulo: Ática.
FIORIN, L. J. (1997). *Astúcias da enunciação*. São Paulo: Ática.
FRANCHI, Eglê. (1984) *E as crianças eram difíceis... A redação na escola*. São Paulo: Martins Fontes.
GARCEZ, Lucíia H. C. (1998) *A escrita e o outro*. Brasília: Editora Universidade de Brasília.
GARCIA, Othon M. (1986) *Comunicação em prosa moderna*. Rio de Janeiro: Fundação Getúlio Vargas.
GERALDI, J. W. (1985) (org.) *O texto na sala de aula: leitura e produção*. Cascavel: Assoeste.
_____. (1991) *Portos de passagem*. São Paulo: Martins Fontes.
_____. (1996) *Linguagem e ensino – Exercícios de militância e divulgação*. Campinas: Mercado de Letras – ALB.
_____. (1997) *Aprender e ensinar com textos dos alunos* (coord.) Lígia Chiappini. São Paulo: Cortez Editores.
GNERRE, Maurizzio (1985). *Linguagem, escrita e poder*. São Paulo: Martins Fontes.
GÓES, M. C. R. de. (1993) *A criança e a escrita: explorando a dimensão reflexiva do ato de escrever*. In. A. L. B. Smolka e outros (orgs.) *A lin-*

guagem e o outro no espaço escolar: Vygotsky e a construção do conhecimento. Campinas: Papirus.
GUIMARÃES, Elisa. (1987) *A articulação do texto*. São Paulo: Ática.
HAYES, J. R. & FLOWER, L. (1980) *The dinamics of composing: making plans and jugging constraints*. In: L. W. GREEG & E. R. STEINBERG (1980) *Cognitive Processes en Writing*. NJ: Lawrence Erbaum.
HEATH, S. B. (1983) *Ways with Words: Language, Life and Work in Communities and Classrooms*. Cambridge: Cambridge University Press.
ILARI, R. (1985) *Uma nota sobre redação escolar*. In: *A linguística e o ensino da língua portuguesa*. São Paulo: Martins Fontes.
KATO, M. (1985) *O aprendizado da leitura*. São Paulo: Martins Fontes.
_____. (1986) *No mundo da escrita*. São Paulo: Ática.
KLEIMAN, A. (1989) *Leitura: ensino e pesquisa*. Campinas: Pontes.
_____. (1989) *Texto e leitor: aspectos cognitivos da leitura*. Campinas: Pontes.
_____. (1993) *Oficina de leitura: teoria e prática*. Campinas: Unicamp/Pontes.
KOCH, Ingedore. (1987) *Argumentação e linguagem*, São Paulo: Cortez.
_____. (1992) *A inter-ação pela linguagem*. São Paulo: Contexto.
_____. (2014) *As tramas do texto*. São Paulo: Contexto.
_____. (2002) *Desvendando os segredos do texto*. São Paulo: Cortez.
_____. (2004) *Introdução à linguística textual*. São Paulo: Martins Fontes.
KOCH, Ingedore & ELIAS, Vanda Maria. *Ler e escrever: estratégias de produção textual*. São Paulo: Contexto.
_____. (2006) *Ler e compreender: os sentidos do texto*. São Paulo: Contexto.
KURY, Adriano da Gama. (1989) *Para falar e escrever melhor o português*. Rio de Janeiro: Nova Fronteira.
LEMLE, Miriam. (1992) *Guia teórico do alfabetizador*. São Paulo: Ática.
LEMOS, C. T. G. (1978) *Coerção e criatividade na produção do discurso escrito em contexto escolar, algumas reflexões*. In: *Subsídios à proposta curricular* – São Paulo: SE/CENP.
LUFT, C. P. (1985) *Língua e liberdade, por uma nova concepção da língua materna*. Porto Alegre: L&PM.
MAFFEI, Marcos. (1989) *Os escritores 2 – As históricas entrevistas da "Paris Review"*. São Paulo: Companhia das Letras.
MANDRYK, D. & FARACO, Alberto. (1987) *Prática de redação para estudantes universitários*. Petrópolis: Vozes.
MANGUEL, A. (1997) *Uma história da leitura*. São Paulo: Companhia das Letras.
MARCUSCHI. L. A. (2008) *Produção textual, análise de gêneros e compreensão*. São Paulo: Parábola Editorial.

MARTINS, Eduardo. (org.) (1998) *O Estado de S. Paulo – Manual de redação e estilo*. São Paulo: O Estado de S. Paulo/Moderna.
MARTINS, Maria Helena. (1988) *O que é leitura*. São Paulo: Brasiliense.
MARTINS, Wilson. (1988) *A palavra escrita*. São Paulo: Ática.
MEDEIROS, J. B. (1991) *Redação científica*. São Paulo: Atlas.
MENDONÇA, Neide R. S. (1987) *Desburocratização linguística – como simplificar textos administrativos*. São Paulo: Pioneira.
OLSON, David R. (1997) *O mundo no papel – as implicações conceituais e cognitivas da leitura e da escrita*. São Paulo: Ática.
ORLANDI, Eni Pulcinelli. (1988) *Discurso e leitura*. São Paulo/Campinas: Cortez Editores/Unicamp.
OSAKABE, Hakira (1977) *Redações no vestibular: provas de argumentação*, Cadernos de Pesquisa, número 23. São Paulo: Fundação Carlos Chagas.
_____. (1979) *Argumentação e discurso político*. São Paulo: Kairós.
PÉCORA, Alcir. (1983) *Problemas de redação*. São Paulo: Martins Fontes.
PENTEADO, J. R. Whitaker. (1986) *A técnica da comunicação humana*. São Paulo: Pioneira.
PIGLIA, Ricardo (1994) *O laboratório do escritor*. São Paulo: Iluminuras.
POSSENTI, Sírio. (1988) *Discurso, estilo e subjetividade*. São Paulo: Martins Fontes.
_____. (1997) *Por que (não) ensinar gramática na escola*. Campinas: Mercado Aberto/ALB.
ROCCO, M. T. F. (1981) *Crise na linguagem: a redação no vestibular*. São Paulo: Mestre Jou.
SALOMON, Délcio Vieira (1991) *Como fazer uma monografia*. São Paulo: Martins Fontes.
SERAFINI, Maria Teresa. (1974) *Como escrever textos*. Rio de Janeiro: Globo.
SOARES, Magda & CAMPOS, E. (1978) *Técnica de redação*. Rio de Janeiro: Ao Livro Técnico.
SMOLKA, A. L. B. (1993) *A dinâmica discursiva no ato de escrever: relação oralidade-escritura*. In: A. L. B. Smolka e outros (orgs.) *A linguagem e o outro no espaço escolar: Vygotsky e a construção do conhecimento*. Campinas: Papirus.
SQUARISI, Dad (2011) *Manual de redação e estilo para mídias convergentes*. São Paulo: Geração Editorial.
TRIGO, Luciano (org.) (1994) *O Globo: grandes entrevistas – os escritores*. Rio de Janeiro: Globo.
VAL, Maria da Graça Costa (1991). *Redação e textualidade*. São Paulo: Martins Fontes.
VANOYE, Francis (1982). *Usos da linguagem: problemas e técnicas na produção oral e escrita*. São Paulo: Martins Fontes.

VIGOTSKI, L. S. (1930) *A formação social da mente*. São Paulo: Martins Fontes, 1978.
_____. (1930) *Pensamento e linguagem*. São Paulo: Martins Fontes, 1987.
ZANDWAIS, Ana. (1990) *Estratégias de leitura: como decodificar sentidos não literais na linguagem verbal*. Porto Alegre: Sagra.
ZILBERMAN, Regina. (1982) *Leitura em crise na escola: alternativas do professor*. Porto Alegre: Mercado Aberto.

4ª edição fevereiro de 2020 | **Fonte** Times New Roman PS
Papel Offset 75 g/m² | **Impressão e acabamento** Bartira